与开源同行

平凯星辰 著

揭秘 PingCAP
七年创业实践

人民邮电出版社
北京

图书在版编目（CIP）数据

与开源同行：揭秘PingCAP七年创业实践 / 平凯星辰著. -- 北京：人民邮电出版社，2022.10
ISBN 978-7-115-59380-1

Ⅰ．①与… Ⅱ．①平… Ⅲ．①软件产业－企业管理－经验－北京 Ⅳ．①F426.67

中国版本图书馆CIP数据核字(2022)第095488号

内 容 提 要

本书融入了 PingCAP 公司在开源领域的七年探索经验，以及在分布式数据库领域的研究成果，对开源的历史发展、分布式数据库的变迁演进、TiDB 的架构设计、应用实践以及开源与商业化的连接进行了深入剖析。

开篇首先以 PingCAP 的创业故事为主线，讲述公司为何选择开源作为核心战略，以及主要产品 TiDB 的研发、运营和国际化历程。然后介绍 PingCAP 在成长为国内开源厂商探索者的过程中，在技术路线选择和社区生态中的重要贡献与发展经验。最后介绍了 PingCAP 对未来基础软件的技术、开源趋势的思考与展望。全书以从参与者到贡献者再到探索者的视角，细致而全面地讲述了开源技术和开源文化对于当代技术驱动型企业的生存与发展的重要意义和影响。

本书适合所有技术驱动型的企事业单位成员，以及正在学习、已经从业或有志于投入 IT 产业的广大读者阅读。

◆ 著　　平凯星辰
　　责任编辑　夏　琰
　　责任印制　陈　犇

◆ 人民邮电出版社出版发行　北京市丰台区成寿寺路 11 号
邮编　100164　电子邮件　315@ptpress.com.cn
网址　https://www.ptpress.com.cn
雅迪云印（天津）科技有限公司印刷

◆ 开本：700×1000　1/16
印张：14　　　　　　　2022 年 10 月第 1 版
字数：199 千字　　　　2022 年 10 月天津第 1 次印刷

定价：69.90 元

读者服务热线：(010)81055410　印装质量热线：(010)81055316
反盗版热线：(010)81055315
广告经营许可证：京东市监广登字 20170147 号

推荐序 1　人人可以受益的开源

我在拿到《与开源同行》书稿后，仔细阅读了一遍。对于开源文化，我也有话想说，所以欣然同意为这本书写点什么。

我觉得这本书至少对于以下四类读者都是开卷有益的。

第一，对于数据库的学习和研究者。TiDB 是国产数据库的新宠，特别是在国际开源数据库市场上更是有亮眼的表现。尽管这本书不是讲 TiDB 的技术实现的，但是散布在全书中的关于 TiDB 数据库的缘起和发展的故事，关于产品不同版本之间的演化，关于产品架构的设计考量等内容都是很有价值的。TiDB 从一开始就被设计成一个"分布式"的产品，工程师们按照"解构"和"松耦合"的理念来构建数据库系统，围绕客户追求数据价值变现的真实需求，坚持"真实场景是最好的架构师"的理念，打破传统数据库系统的固有逻辑，将 TiDB 打造成了一个能为客户带来价值的产品。

第二，对于想做开源产品的技术发烧友和开发者。TiDB 创业者们的很多观点特别有价值。比如，做开源首先要解决信念问题，没有坚定的信念是做不好开源这件事情的。无论是自由软件的创立者理查德·斯托曼，还是 Linux 内核的发明人莱纳斯，都是靠信念走到今天，改变了整个软件产业的格局。其次，要拥有一颗"冠军心"，也就是要将产品做到极致，中国新一代创业者的这种自信让人欣慰。实现中华民族伟大复兴的事业需要的就是这种以实力为基础的自信和以成果为证据的创新能力。再次，做产品要有"场景洞见"的能力，也就是从领先的需求中预见领先的场景的能力。最后，要充分认识到做产品，特别是做基础软件，"复杂性是真正的敌人"，找到对抗系统复杂性的方法显得尤为重要。这样的金句书中比比皆是，值得我们去细细品味。

第三，对于想以开源产品为依托的创业者。开源产品的生命依托于社区，开源社区由产品、用户和贡献者组成，三者组成了一个不断循环转动的"增长飞轮"，涵盖开源活动的整个生命周期，其核心是"开发者"的成长和荣誉体系。"开源最重要的门槛不是代码，而是一个个积极参与的人"。因此，开源社区要重视人才的挖掘和培养。PingCAP 举办的 Talent Plan（"人才计划"）以及黑客马拉松活动，为自己也为社区培养了一大批优秀的人才。开源项目的发展还要跨越发展道路上必然会遭遇的"死亡之谷"，创业者对此要有足够的认知和应对措施。这些对开源产品的认知和实践都是创业者的宝贵财富。

第四，对于想了解开源文化，或者想以开源的方式推进某些事业的人。PingCAP 公司的成功给我们提供了一个很好的范例。"开源最引人入胜的魅力在于它消弭了一切不必要的边界"，开源文化已经不仅仅局限于软件开发，在数字时代，类似开源社区的组织具有不可限量的影响。开源文化是一种共创文化，它甚至会给数字时代带来一场开放革命。最近我在组织教育部数据库系统虚拟教研室的工作，这是教育数字化转型的重要实践。我们提出了一个"八字方针"，其中第一个原则就是"开放"，要用开源的模式、开源的文化、开放的社区来组织虚拟教研室。这本书对我们进一步做好这件事有很多的启发。

我与 PingCAP 的缘分是从中国计算机学会数据库专业委员会的 VLDB（Very Large Data Base，数据库领域顶级会议之一）暑期学校和 PingCAP 合作开始的，对此书中也有介绍。那是我第一次到他们位于北京的总部访问。企业简约的环境设计和接待文化，给我留下了深刻的印象：不讲究形式，直入主题。刘奇先生话不多，但是稳重刚毅；黄东旭先生侃侃而谈，他对于数据库系统的一些理解我是高度认同的。后面的合作很愉快，尽管受到新冠肺炎疫情的影响，我们还是在 2022 年初的农历春节前在"温暖如夏"的海口成功举办了为期一周的 2021 年 VLDB 暑期学校。这也是 VLDB 暑期学校近 20 年的历史上，第一次与企业合作。在企业的技术支持下，本次暑期学校以分布式数据库事务的实现技术为研究对象，以专家讲课、工程师指导和学生动手实践相结合的模式组织，其效果得到了数据库专业委员会的专家和参与学习的众多同学的高度认可。2022 年的 VLDB 暑期学校将继续由 PingCAP 提供技术支持。

祝愿 PingCAP 越办越好，祝愿 TiDB 能发展成为大数据时代的世界级基础软件产品。

中国人民大学教授　杜小勇

2022 年 5 月于北京

推荐序 2　编程就是为了让世界变得更有趣

我从 2011 年开始云存储方向的创业。作为软件工程师，我总是相信，编程就是为了让世界变得更有趣。创业这 10 年，我也总会在技术创业圈子遇到一些有趣的人以及他们的公司，刘奇和 PingCAP 就是其中很特别的存在。

最早认识刘奇的时候，他还在豌豆荚，他和黄东旭写了 Redis 的开源项目 Codis，一下子在圈子里变得小有名气，他也很积极地参加我和几个人发起的社群论坛 ECUG。ECUG 全称为 Effective Cloud User Group（实效云计算用户组）。这个活动组吸引了国内有技术情怀的一拨人，我记得刘奇每年都来。我们的交往就从 ECUG 开始。通过这些活动，我能感觉到他身上有很多我们这类技术情怀主义者认可的味道。

刘奇给我的第一印象是优雅的技术品味，尤其是对产品品质的极致追求，这一点在他变成 CEO（首席执行官）之后也没有丝毫变化，反而被放大了。我印象比较深的是 Chaos Mesh 项目，他很积极地推动这个混沌平台测试项目，还把它捐给了 CNCF（Cloud Native Computing Foundation，云原生计算基金会）。他很享受做大产品经理的感觉，特别喜欢抠产品的体验细节，愿意在打磨产品上花很多时间。

刘奇给我的第二个印象是商业感觉，他总能从外部的"小白"用户视角分析如何通过产品体验放大影响力。Chaos Mesh 项目从零开始并飞速成长为 CNCF 明星项目，本身就需要同时把握技术品味和商业影响力。

不过，当刘奇他们用开源方式做 TiDB 时，我其实并不太看好。因为当时的时机既不适合做数据库，也不适合做开源。一是市场竞争，数据库是个巨头林立的市场，创业公司会直接面对传统数据库巨头的压制和云厂商的正面竞争。二是生态挑战，数据库产品高度依赖上下游，向上需要吸引大量应用，要建生态，而向下，数据库本身高度依赖服务器或云基础设施，有很多不可控因素。三是当时国内的开源氛围并不好，开源软件公司都还没有商业化的成功路径。开源数据库的道路仅从这三个角度看就比较崎岖。但是我当时没有直接表达我的看法，因为我觉得 PingCAP 的尝试很有勇气，这个事儿也很有意思，就想看看他们到底能不能走出一条新路。

我自己比较看好云计算，我觉得云计算对用户来说有很大的创新价值，它比开源的门槛还要低，触达的用户也更为广泛，用户的心智成本也更低。同时，它给用户带来很低的试错成本，用户只需要花很少的钱就能获得弹性资源，从零起步。我们这些技术出身的人，都有一种朴素的梦想，就是通过技术让世界变得有趣一些，创造更多可能性。七牛云做的是云存储，这是云计算的核心组件，它有相对自洽和自足的生存空间。那么相对来说，开源的门槛还是要高些，触达面积没有云那么大，开源用户的门槛也要比云高很多，用户至少要懂技术，能下载开源软件并自己完成部署，数据库产品还要自己运维，遇到问题还要懂得如何在社区求助。

云意味着一种软件交付模式的根本改变，如果说开源软件节省了很多测试的成本，云干脆连运维的成本都帮用户省了，这是用户心智成本最小的一种使用方式。在七八年前，云在当时的中国，显然比开源更靠谱。相比之下，PingCAP 用开源的方式做数据库，是从一开始就要做国际化。在我看来，PingCAP 是把三件难事放在一起做，而且还是一家创业公司，这个路径着实有点难。

我和刘奇还有个共同点——都是 Go 语言的信徒，我们都相信 Go 语言是一场革命。我当时还在微博上和人打了一个赌，说 10 年后 Go 语言一定是世界上排名第一的编程语言。当然 Go 语言也存在一些局限，这也是为什么我也推动发起了 Go+ 活动。刘奇也是每次都参加，TiDB 数据库的核心组件 TiDB Server 就是用 Go 语言写的。再后来，Go 语言没有想象中发展得那么好，但 TiDB 反而发展得超出了预期。

我觉得 PingCAP 得以快速发展的一个最大原因，是刘奇、黄东旭、崔秋这三个创始人有一种对开源的执着。他们看到了开源的更多可能性，靠一种初生牛犊不怕虎的"劲"生生闯出了一条路。而恰恰是因为数据库太难做了，只有坚持开源才有一线生机，PingCAP 闯出来的道路为后来的开源创业者蹚出了一条路径。现在，中国已经涌现出很多开源创业公司，我想这是 PingCAP

给中国开源带来的价值。

作为一名开源从业者，长时间以来，我一直觉得用 GitHub 可以做些事情，没想到这个事被刘奇做了。PingCAP 推出的 OSS Insight 项目（https://ossinsight.io）很有趣，它把 GitHub 过去 10 年的数据做成了一个工具平台，人人都可以通过这个工具比较各种开源项目的活跃度，这个工具也让很多人可以更直观地体会到 TiDB Cloud 的价值，这是个很好的公益项目，这个出发点很酷、很有趣。

这个项目的思路和刘奇做 Chaos Mesh 一样，先是凭着一个工程师创造有趣产品的本能，觉得这个事儿做出来就会很有吸引力，然后它会自发地带来很大的影响力。我觉得全世界的软件工程师想法都一样，都希望提出一些能点亮世界的想法和有参与感的项目，大家心有戚戚焉。

PingCAP 最近两年加速了国际化和云化的进程。一方面，在很多中国的技术公司开展国际化都晚了一拍的情况下，我希望 PingCAP 在国际化的商业成功方面蹚出一条有借鉴意义的路径；另一方面，我也相信，只有基于云计算，国际化的商业成功才会成为可能。开源和云计算在未来殊途同归，都会为未来的技术世界创造更低的门槛，让世界变得更有趣。

七牛云创始人　许式伟

2022 年 6 月

推荐序 3　念念不忘，必有回响

这本书读起来很愉悦，书中讲述了专业的人、开放的视野、鲜活的故事。

首先，这本书讲述了一群很专业的人的故事，表达了很专业的观点，涉及数据库技术、商业、开源，并且都体现了国际化的专业性。开源为什么是一种先进的生产模式？企业为什么选择开源软件？中国技术如何出海？什么是生态？一个好的开源社区的终局是什么？在此都可以找到专业的回答。

其次，书中体现的开放态度和国际视野令人振奋。开源的本质是开放协作，今天全球都被笼罩在新冠肺炎疫情的阴霾之下，开源的开放协作精神和群智汇聚能力尤其可贵。无论谁，都有机会以互联网汇聚全球智力众研众用众创。但是，只有真正做到国际化才能胜出。实现国际化首先要具备国际化的视野。

在 TiDB 吸引海外客户的众多因素中，开源是第一要素，因为它天生带来信任和宣传优势。此外是精细培养活跃社区。TiDB 社区尝试过很多种社区讨论和沟通的方式，最终坚持了全球通用的邮件组。这个细节让我印象深刻，因为最近发现好多学生从不用邮件，这让我感到困惑：有什么沟通方式可以替代邮件吗？

最后，作者从业务、场景、社区、信息技术发展等维度，提供了鲜活的案例，从中可以看到这个时代的节奏。书中对不同地区的业务分析让人读得津津有味。例如 TiDB 在日本的发展规划是先从游戏和互联网行业入手，再逐渐转向传统行业和金融行业。

中国本土一个很强的特征是广阔的市场和众多的场景，"场景驱动已经成为 PingCAP 产品研发和迭代的主要动力之一"，这充分说明本土有肥沃的土壤支持技术和产品的发展。原创技术和产品是原力，是所有竞争力的基础。开源提供了一个广阔的时空，滋养着野蛮生长的原力。

念念不忘，必有回响。

期待目前在开源领域努力耕耘的人们，创造无数个如 PingCAP 般专业、开放、鲜活的开源公司。

北京大学教授　周明辉

2022 年 5 月 10 日

推荐序 4　永远做"难而正确"的选择

我时常回忆起第一次和黄东旭见面的情景。那是 2017 年 3 月初的一个清冷的早晨，我约的时间太早，赶到 PingCAP 位于东升科技园最早的办公室时，只有东旭一个人在会议室等我。进门就是一张小会议桌，然后几乎就没什么空间了，我只能侧着身子进去坐下。

我并没有预料到这次见面就让华创资本（以下简称华创）从此与 PingCAP 结缘——东旭很成功地在一小时的时间里，让并非软件工程师出身的我，理解了 PingCAP 成立的背景、要解决的问题，以及非常令人激动的使命和梦想。

在和东旭见面之前，2016 年下半年，华创企业软件小组认定"优秀的软件创业团队一定出自开发者社区的意见领袖（KOL）"。于是小组成员开始纷纷在认识的技术牛人里打听他们眼中的高手。华创几个被投公司的创业者不约而同地推荐了刘奇。借此机会，华创团队拜访了刘奇，并根据和刘奇的对谈写了一篇采访稿《刘奇：开源和精英，在创业中一个都不能少》，于 2016 年 12 月发布在华创的微信公众号上。

作为一家 2014 年才正式募集基金的早期风险投资机构，华创为了寻找自己的差异化，聚焦的投资方向之一就是企业软件。那时候，国内移动互联网创新创业正如火如荼，而软件行业相对冷清，此前还没有让风险投资机构赚大钱的案例出现。因此，聚焦投资软件的我们不免有些孤单。那时候我们的学习对象是国际上已经开始引起关注的云计算赛道上的公司和它们的投资机构，虽然国内大家的普遍疑问依然是：中国的企业客户愿意上云吗？他们会担心数据保密问题吗？他们愿意付费吗？……

我很庆幸，在见到刘奇、东旭之前，我们作为一个决定"聚焦企业软件"的投资团队，已经读过《大教堂与集市》，对"开源社区"并不陌生，对于"开源软件是否具有商业价值"这个问题也没多少疑问——"开源"和"商业价值"本来就是两个维度的问题啊！因此，我们和 PingCAP 团队一见如故，每次聊天都热火朝天。我们为国内居然出现一家致力于做下一代优秀数据库的公司而感到激动、鼓舞，投资决策前唯一的障碍就剩下估值了。

那时候的 PingCAP 成立刚满两年，公司已经融过天使轮和 A 轮，接下来就是 B 轮融资了。刘奇很谨慎地报了一个他认为合理的估值，但是这个数值对华创来说依然有不小的挑战。如果我们要在刘奇认为合理的估值上领投 PingCAP，就会投出华创成立以来最大的一笔钱，是我们舒适区域投资额的好几倍。怎么办？如果在平时，我的第一反应肯定是和创业者再重新聊聊估值，不过我们太喜欢这个团队、这个机会了，担心议价会丢失投资机会；况且，说实话，我们内心里是觉得"值"的。

投资小组和华创的所有团队成员分享了对这个项目的看法之后，我就奔机场出差去了。刚下飞机，我就查看了团队成员对项目的意见反馈，令我感动的是，大家都投了赞成票，觉得我们可以为难得一遇的"激动人心的机会"突破投资金额或估值限制。我马上给刘奇打电话："没问题的，我们来领投这一轮吧！"

后来刘奇说："海燕下了飞机就给我打电话，说明这个投资决策是在'云上'做的。"——看来我们就是和云有缘分！

此时回顾我们做出投资决策的时间点，也就是 2017 年 4 月，TiDB 的 1.0 版本还没有发布，也没有任何商业化验证——没有合同、没有收入。我们看到的，是 PingCAP 创始团队的技术视野、对下一代数据库需求的敏锐判断，以及比较活跃的社区。当时，已经有 100 多家企业用户把社区版 TiDB v0.5 部署到自己的生产环境里了。我们在走访一些社区用户时得知，它们也是"不得已而为之"，实在是没有其他选择了。我们清晰地看到了"巨大而未被满足的客户需求"，以及 TiDB 作为先行者的优势。

华创当时还是一支规模比较小的早期基金，可是在投资 PingCAP 上并没有遇到激烈的同行竞争。那段时间，行业里的"风口"是以共享单车为首的各种共享经济，但是很多人并不知道，订单呈指数增长的摩拜单车正是 PingCAP 的早期企业用户之一。刚完成投资的某天，我在咖啡馆偶遇几位同行，有人问我："听说你们刚投了家数据库公司，估值特别高。"我问："为啥你觉得估值高呢，它和刚刚我们聊到的共享充电宝公司不是也差不多吗？"同行说："因为你们这家公司还没有收入，而共享充电宝公司的订单、流水都已经'起飞'了。"

我心里想，数据库公司哪有这么快就能把产品推向市场、赚钱的？一家没有收入的初创公司，难道就等同于没有价值吗？开张就有流水的公司，正说明它的启动门槛低啊！

坚定了我对"云未来"的信心的，是投资 PingCAP 之后不久的一次硅谷之旅。那次旅途的安排之一是和几个国内投资机构的朋友一起拜访 Sutter Hill Ventures，一家位于帕洛阿尔托的老牌硅谷风险投资机构。正是这家风险投资机构前瞻性地看到了云计算的未来，早在 2012 年就孵化了 Snowflake 公司（一家基于云的数据仓库初创公司）。Sutter Hill Ventures 的一位合伙人接待了我们，他在这家风险投资机构供职超过 10 年，一直负责投资企业软件。在交谈时，我简单提及了几个我们投资的公司的名字。突然，对方说："我知道 PingCAP。"我不禁愣住了，心想是不是他听错了。毕竟，国内的很多同行都不知道当时名不见经传的 PingCAP，何况这位从来没有去过中国的美国风险投资者呢。对方解释说，他在 GitHub 上关注到了 TiDB，并通过邮件联系到了 TiDB 的创始人，还在线交流过。

这就是开源社区的魅力之一——有意义的工作，就会被关注这个方向的人们看到，不管他/她在哪里。成立才两年多的 PingCAP，在硅谷已经有一小批用户和关注者了，几位创始人去硅谷办 Meetup（聚会），参加的人可不少呢。

一转眼五年过去了，PingCAP 的发展速度已经远远超出了我们在 2017 年的认知和想象。过去风险投资者们认为，只有消费互联网行业才有"网络效应"，而企业软件公司的发展是线性的、缓慢的。但是，全面拥抱开源的 PingCAP，在活跃的开发者社区的支持下，实现了一家软件公司的"网络效应"。

过去的五年，对我们早期投资机构来说是"意外之喜"，对 PingCAP 团队来说可能就是"波澜壮阔"了。从 2017 年的 30 多人、一小间办公室，到现在分布在全球数个国家和地区的 600 多人的团队，PingCAP 逐步成为国际开发者社区里一家不容忽视的、具有领袖气质的公司。刘奇作为一位"CTO（首席技术官）出身的 CEO"，也展现了不同寻常的领导力。伴随过去 20 年中国互联网行业的高速发展，说实话，我们并不缺乏顶级技术人员。但是，我们很缺乏具有前瞻性技术视野、懂客户需求、能领导一家国际化公司的 CEO。这一切既出乎意料，其实又有迹可循——毕竟，从决定创立公司起，刘奇、东旭、崔秋三位创始人，他们要挑战的目标就是中国软件行业前所未有的，因此他们不断地做出了一个个"难而正确"的选择，这正好契合了直面商业本质的"第一性原理"。

与此同时，PingCAP 还带动了国内企业软件创新的浪潮，它闯出的"开源之路"，以及因此而拥有的国际影响力，激励了无数中国开发者踏上云计算的征途。我们越来越确信：在云计算的时代，中国会延续消费互联网时代的成功，涌现一批国际领先的创新公司。

路很长，很庆幸，我们都在正确的方向上！

吴海燕　华创资本管理合伙人

2022 年 5 月

推荐序 5　开源与人才教育

如今，开源已经从最初的自发行为，演变成商业行为，并正在成为国家战略。软件是知识产品，开源是人类知识生产的新模式，是"万众创新"的源头。开源势在必行，不仅是因为全球数字合作呼吁开源开放，更是因为我们中国的发展更需要开源开放。

中国不仅要参与开源，更重要的是要为开源做出贡献，才能让中国企业赢得尊重和钦佩，进而在数字化转型中锻炼核心竞争力。本书从 PingCAP 的七年创业史出发，从开源的理念与实际应用、开源社区生态、开源商业化、国际开源生态合作等方面完整讲述了 PingCAP 对开源的思考以及实践，给当前众多从事开源创业的软件公司和推动开源的大型企业的工程师带来了鲜活的参考。

作为一名教育工作者，我深刻地认识到，开源若想蓬勃发展，一定离不开人才。而只有高校、企业和开源社区三方聚力才能培养更多开源人才。近年来，国内高校的开源教育正在从传统理论课程向与实践结合的产教融合模式转变。华东师范大学在去年与 GitLab 开展了开源教育合作，致力于共建开源开放生态，共同推动开源教育的发展。在本书中，我也欣喜地看到，PingCAP 的 Talent Plan（"人才计划"）秉承"用开源、教开源"的理念，融开源于教育之中，通过开源教育，营造开源文化，培养开源精神和开源能力，开创了一条培养开源人才和数据库核心人才的新路。

同时，我们也要看到，目前国内的开源教育仍不十分充分，仅有少数高校开展了开源教育课程。开源教育的实践以及开源教育愿景，让我们感受到肩负开源教育的使命的艰巨性，意识到了开源教育的重要性和紧迫性。通过开源教育，我们可以抓住开源带来的历史机遇，树立更高的价值观，发展更好的技术、更包容的文化，也能让我们在当前这场开源浪潮中占领制高点。

未来，希望在各方努力下，开源教育能够成为全民教育，让每个数字时代的公民了解开源的理念与文化，培养数字化协作的能力，共享开源开放的成果。

华东师范大学副校长　周傲英

2022 年 5 月

前言　一场关于开源的生死抉择

创业的早几年，投资圈的朋友都说我的"赌性"很强，而且是拿"生死"在赌，有的做法甚至像是在"自寻死路"。这样做的好处和坏处都很明显：赌赢就赢得很大，赌输就打道回家了。熟悉我的人大概都知道，我对打德州扑克没有兴趣，这倒不完全是因为没时间，而可能是我在潜意识里觉得，只有足够有价值也足够有挑战的目标才能激发出我的"赌性"。

"豪赌"的初衷是什么？

选择数据库作为创业方向，并在第一天就选择完全开源的模式，这在 2015 年的 IT 圈是个非常疯狂的做法，也是我人生中最大的一次"豪赌"。是什么激发了我和整个创业团队？让我们一直走到今天的动力到底是什么呢？

在早期的职业生涯中，我是数据基础软件使用者，到后来又成为一些项目的参与者。在这些经历中，我接触的基本都是国外产品或者是国外产品主导的项目。但我一直心有不甘，凭什么中国人就干不了这个事儿？当时，现存的所有数据库都让我很失望。于是，我就想创造一个让自己满意、让他人欣赏、让用户省心的数据库，让工程师们不用熬夜，可以安心睡个好觉。这事说起来简单，其实每一步都很难，而且做起来才发现比想象的难得多。但不管需要付出多大的代价，经受多长时间的痛苦，"让用户省心"就是这场"豪赌"的初衷：创造一个伟大的产品，让工程师们可以不再做重复的运维工作，专注于创造业务价值。这也是 PingCAP 创立几年后形成文字的愿景。The best and most respected infrastructure software company（成为最好、最受尊敬的基础设施软件公司）。

是"自寻死路"还是平庸过活？

在这个愿景的驱动之下，很多看似"自寻死路"的选择就变成可能，甚至是必然了。

今天，我们可以看到开源项目、开源企业越来越多样和成熟。但在我们创业之初的 2015 年，一个开源软件公司面临的压力是大家现在完全无法想象的。A 轮：你有收入吗？ B 轮：你有收入吗？可能现在大家不觉得这是一个问题，但是在创业刚开始那几年，我们就是没有任何营收。最支持我们的投资人也问我："既然你觉得你是最好的，为什么要开源？"这也可以理解，因为当时业内的很多舆论场充斥着"好的软件都不开源"这样的流行言论。

当你走到分岔路口，一条暗淡崎岖，不知道能否走得通，也得不到别人的认可；另一条能让你走得安稳，但你知道如果走下去，你辛辛苦苦创立的公司就会变成一家平庸的公司。你要怎么选？这个时候，心底里的那个初衷"The best and most respected"会告诉你，平庸的道路千万不要选，哪怕它看起来很好。

平庸地活着是不是我想要的？对于这个问题的思考使我做出了很多艰难的决定。

唯一路径

什么时候是做开源的最好时机？有人说"种一棵树最好的时间是十年前，其次是现在"，开源也一样。有些人觉得现在的开源在资本市场有泡沫，我们还曾被一位具有全球影响力的创业界前辈当面质疑过。但我觉得，现在谈我国开源泡沫为时尚早，我国的开源还远远没到泡沫阶段，我国程序员对于开源的真正理解才刚刚开始。我们现在关于开源的环境、做法还在借鉴、学习阶段，顶多做到了和世界差不多同一个水平，还远没有做到超越。

我在 2016 年讲过一句话："开源是基础软件成功的唯一路径。"如果更严谨一点，要给这句话加一个限定词——中国，即"开源是中国基础软件成功的唯一路径"。

我们曾做过一个特别朴素的金字塔分析：我国有全球领先的巨大市场和需求，领先的需求一定会产生领先的场景，尤其是移动互联网的场景。在这些领先的场景里就应该有机会在某些领域产生世界领先的基础软件产品。那么，过去这样的产品为什么都似乎与我们无关呢？因为基础软件的底层特性导致这些场景以及有场景洞见的人才都被分散在众多大中型企业中，同时这样的分散又遏制了基础软件的普适性和可复制的优势。这么分析下来，只有开源能将这些分散在各个企业的人才和场景聚拢起来形成合力，很明显开源就成为探索金字塔顶端的唯一路径。

另外，我特别想强调的是，做企业一定要回报社会。在今天和未来的时代，一个好的商业模式是什么样的？我觉得应该是先创造社会价值，再从社会价值上萃取一部分商业价值，这也是我们公司对于自己未来发展的一个长期的期望。

前面说过，我曾做过很多艰难的选择，开源可以说是其中的第一个选择，第一性原理的那个"元选择"，并已经成为我们撕不掉的标签。开源这个选择之后还有一系列选择，归纳这一系列选择，我发现通常我的选择都是基于生态的考量，包括场景的生态、人才的生态、技术架构的生态、开发者接口的生态，等等。

生态即未来

其实建公司，选架构，做选择……本质上来讲就是在赌未来是什么样子，这里列举这一系列艰难选择中的几个小例子。

◇ **选择云原生**

我们坚定地看好未来云原生方向的巨大潜力，所以我们要拥抱云原生的生态。这引出了另一个异常艰难的选择：我们在当时如日中天的 Mesos 和 Kubernetes 中选择了 CNCF（Cloud Native Computing Foundation，云原生计算基金会）的标杆项目 Kubernetes。很有意思的一点是，当时因为客户反馈和反对，比如提到 Kubernetes 不成熟、没有实际用户案例，等等，我们内心产生了各种纠结。不过短短几年后，再看这个选择就变成了理所应当。我们的第一个项目 TiKV 分布式存储层也选择了 CNCF 平台。

随着 CNCF 本身的不断壮大，我们也有了第二个沙箱项目——Chaos Mesh

（云原生混沌工程）。作为最早加入 CNCF，且项目数量和贡献度排名最靠前的国内公司之一，PingCAP 也因此获得了品牌提升和客户的信任，还吸引了更多人才，这些都算是技术生态考量之后的意外收获吧。所谓"念念不忘，必有回响"。

◇ 选择语言

另一个重要选择是我们产品使用的编程语言——Rust 和 Go。早期讲全球化的时候很多人觉得我们的创始团队应该是从硅谷回来的，其实我在创业之前都没去过美国。第一次去硅谷，是跟 Uber、YouTube、亚马逊等公司做交流的时候。美国的同行这么评价我们的技术风格："PingCAP 好时尚啊！"为什么他们会这么评价？如果大家去关注一下 Rust 的历史迭代，就会知道 2016 年我们的这个选择真的是在赌博。用不到五岁的 Go 来创建数据库，用还没发 v1.0 的 Rust 写存储层代码，风险太大了。最安全的选择应该是 Java，当时的主流分布式系统大部分是用 Java 编写的，比如 Hadoop、ZooKeeper、Cassandra、HBase 等。但如果当时选 Java，我们的产品就很可能是一个平庸的系统。在云的时代，我们需要更敏捷、更高效，同时更安全的新方式构建系统。如果我们有机会重新开始构建系统，编程语言的选择会变成一个杠杆很高的决定，这也是我们选择了 Go 和 Rust 的原因。

在这个决定之后，我们作为最早全面拥抱 Rust 生态项目的公司之一，也非常荣幸地得到 Rust 研发团队两位核心成员的加入。我们在没有做任何全球化品牌的时候，就是靠这张名片去吸引人才加入我们的社区和公司的。当时网上还没有像今天这么多的有关 Rust 的文档和教程，所以这张名片还需要我们自己来打造，我们将 Talent Plan 的所有教程用 Rust 实现了一遍，虽然这离我们的主业有点远，但对后来的招聘和培训极其重要，这也是我们第一次在全球范围内好评如潮。

◇ 选择人才

很多人知道，我们早期是一家真正的分布式公司，因为员工都远程办公，我们第一篇真正出圈的文章居然是讲远程协同工作的。选择什么样的工作模式取决于选择什么样的人才，包括所有围绕人才的吸引、协同、管理、激励……都要与之相匹配。

有一部分特别顶级的人才，他们的成就感并不是来自可以在一条大船上很安稳地航行。早期的创业公司，尤其是做硬核技术的，找到这样的人是很重要的。当时我们的 CTO（首席技术官）黄东旭去校园招聘，不是广撒网做宣讲，而是直接跑到学校国际大学生程序设计竞赛队的教练那里，问最牛的队员是谁。他会和同学们说 PingCAP 这里有道特别难的题，再附上几篇论文，告诉他们全世界还没人做得出来，而且这里用的是最先进的编程语言。这些同学虽然手上有多个大公司的录用函，但是感觉这家小公司在做一件更加牛的事情，就会选择加入或者去实习。

◇ **选择广度**

在我们的产品从 TiDB 1.0 到 TiDB 6.0 逐渐迭代出一个稳定可用版本的过程中，我常年内心的状态是恐惧。如果我们在一条小路上越走越远、越走越窄怎么办？是做成某个细分领域的数据库？还是一个通用型数据库？这还是一场赌博，到今天都不能说我们的选择百分之百正确。对于很多创业公司来说，有可能在一个细分领域做深是一个更加正确的选择。但对我而言，只做一个细分领域的领头羊，与"The best and most respected"这个目标相去甚远，这并不是我想要的，所以纠结了一下还是选了广度优先，确保我们的产品对于需求的普适性，也确保公司以后的规模和扩展的潜力，保持更高的天花板。但这并不是说选择做深做精不对，我们这样的选择也很容易做死。所以，一个公司的愿景很重要，与之相配合的战略也同样重要，两者都选对和做对公司才能在一个天花板高的市场获得持续成长。在战略上，我们很大程度上利用了开源的优势。社区创立早期我们经常说"势高则围广"。社区在帮助我们探索广度，将产品运用到各行各业，汇聚最佳实践。我们从这些广度里面大浪淘沙般找到了可以制胜的场景，在这些场景里反复打磨，做深做精，再将做法复制到商业场景。当然有少数行业和场景是需要攻坚的，比如金融、超高并发交易场景，需要更复杂的系统保障，也让我们更加专注地去做深度。其他的行业和场景就是依靠社区，依靠用户，今天我们在某些场景的产品认知远不如用户。用户是我们的老师，而真实场景是最好的架构师。

地理上的全球化是另一个维度的广度。为什么成功的基础软件很多在美国？美国的科技企业除了资本和人才优势外，大多还有一个全球视野的自我定位，这起到了很大的作用。我们为什么从很早期就投入做全球化？因为这是一个认知的改变。如果你只在意某个区域，只做某个行业，最后所有认知全都是建立在这个非常窄的领域里，在这个认知下，你去跟具有全球定位的公司竞争，可能还没开始就已经输了，后面需要花很大精力去为认知补课。

一段漫长的旅程

◇ 坚持长期主义

数据技术相关行业的所有人都应该铭记一句话：数据爆发的时代，我们往往高估了短期，低估了长期。其实做产品、运营公司亦然。在志向高远的前提下，坚持长期主义必有回报。

长期主义因为回报期很长，人们往往就没怎么算 ROI（投资回报率）之类的，其实也算不过来。觉得对的事就去做，不断证明是对的事，就要长期坚持。这也是公司战略和组织文化的体现。拿开源来说，最初我们公司一穷二白没什么拿得出手的，社区建设唯一能做的只有分享。

公司创办第一年，我们坚持每周举办聚会（Meetup）做论文分享、技术讨论（见图 0.1）。第一场 Meetup 只来了两个人，今天市场上任何一家创业公司的起点都比这个高得多。每一场 Meetup 我们都坚持了下来，并将相关视频传到 B 站上，希望分享给更多人。几年后一看，B 站的 TiDB_Robot 号已经积累了 350 多条视频内容。一家科技公司的品牌化怎么实现？在创始人和项目这些硬件条件已定的情况下，再提升就只能靠时间积累。砸一两波广告成就不了科技品牌，真正有影响力的科技品牌还是要经过沉淀，逐渐积累。这本身是创造社会价值的过程，不管是被人学习、被人提问，还是被人批评、自省改进，都是对社会价值再创造的过程。这个过程会随着时间的推移，慢慢变成公司的文化之一。很多很多历史会沉淀出习惯，很多很多习惯会沉淀出文化。有时候大家会很着急，我也很着急，但长期主义是真的需要花时间才能做到的，确实需要时间沉淀，特别是公司真正想积累的文化。

图 0.1　TiDB Meetup

说完文化，再回到公司的核心产品上来。对产品来说，短期消耗精力在社区建设上，肯定不如"996"写代码来得高效。但长期坚持人才汇聚、场景积累，对产品迭代的作用是惊人的。下面分享一张图（见图 0.2）。开源项目看起来到底是什么样子的？这是 TiDB 历年产品代码迭代的统计图，横轴表示时间，纵轴是代码量。图中的红色是 TiDB 2015 年的代码，蓝色是 2016 年的。作为创始人，我当初写的代码现在就只剩一点点了，肉眼几乎不可见。就产品迭代的速度而言，这张图可以给大家一个很清晰的感受。

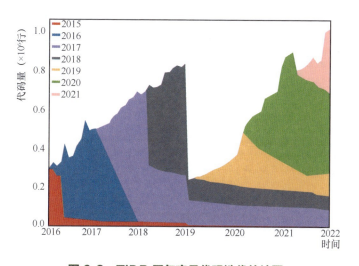

图 0.2　TiDB 历年产品代码迭代统计图

产品做出来之后能不能用？我们从外界收到很多反馈，比如有人说 PingCAP 蛮傻的，看起来很奇怪，天天在搞互联网场景，可互联网公司根本不付钱，要付也就一点点。但是我们从第一代产品开始，几年来都在互联网行业深耕社区用户。为什么？因为中国的互联网就是要满足前面提到的金字塔基础逻辑——全球领先的需求、全球领先的场景。我记得在为日本第一大在线支付客户提供业务服务的时候，他们很紧张地问："我们的业务数据规模挺大的，搞得定吗？"后来我看了他们官方博客公开的用户量数据，规模是我国同类用户的十分之一。在坚持长期主义过程中，这样的案例让我们一次又一次对这个基础逻辑建立起更坚定的信心。

◇ **投资关键路径基建**

因为坚持长期主义，所以注定我们不能同时做很多事，因为事情又多、耗时又长，肯定要失败。所以六年多来，我们只专注在一个产品上，就是 TiDB。细心的读者可能会问，你们不是还做了别的东西吗？对，我正想说说另一个需要长期关注、长期投资的事，那就是关键路径的基建。

• **质量**

我们在 TiDB 的存储层 TiKV 之后的第二个 CNCF 项目混沌工程平台 Chaos Mesh 就是这样的例子。一家基础软件公司，在工程上最大的挑战是怎么保证软件质量，尤其是开源协作的软件，在高速迭代的同时还要健康、稳定地发展，这里面花在测试上的精力会比一般的应用级产品要多得多。现实中各种各样的故障都会发生，Chaos Mesh 这种"人工地震"的方式可以模拟这些故障，以测试特殊情况下软件会怎么应对。所以 Chaos Mesh 虽然看起来是我们的一个副业，但其实包括 Chaos Mesh 在内的一大堆测试工具，都是我们产品质量的保障，是关键路径的基建。

这个项目火爆的程度远超我们的预期，我们用一年的时间在混沌工程领域做到了后发先至。目前全球大量的数据库或者其他类型的基础软件、大型关键业务系统，都采用 Chaos Mesh 进行测试，最近它还成为第一个进入 Azure Cloud 的 Chaos Studio 混沌工程平台。该项目也已成为 CNCF 的 Incubator（孵化器）项目，引起了主要云厂商的关注。这说明越是基础的，越是全球的，我们不应该辜负这个广度的馈赠。

- **人才**

软件产业是一个人才密集型产业，不然人们也不会把程序员叫"码农"了。所以另一个关键路径，一定就是人才。刚创业的时候我们发了一个招聘帖，几十万的阅读量，出道即巅峰，现在的招聘帖都没那么高的阅读量。结果，我们一份简历也没收到，虽然收到了无数鼓励，"特别好""有勇气""加油""上"，但当我们问要不要来时，一个都不来！我人生中第一次受到了如此巨大的打击。后来我们跑到学校进行招聘的时候，过来一个同学就问"BAT（B指百度，A指阿里巴巴，T指腾讯）在哪里"或者"PingCAP是谁"。

为了用程序员能听懂的语言回答好"PingCAP是谁"这个问题，我们做了一个Talent Plan（"人才计划"）的小项目，教大家怎么一步一步创建分布式数据库，让大家在大学里也能够学这个知识，在学习过程中还可以来PingCAP实习。早期，这就是我们不多的路径之一，让我们争取到了非常优秀的年轻员工。今天，看到友商的大赛上获奖的很多人都是Talent Plan的毕业生，我感到很欣慰。这也是当初我自己在大学时的梦想。国内大学的计算机专业教育，和先进国家的差距还是有点大。所以，我们做了一些事，在解决了公司的关键路径问题的同时，这些事也秉承了我创业的一些初衷，那就是先持续不断地创造社会价值，再从社会价值中萃取一部分商业价值。

- **长期激励**

踏上长长的旅程不是一件容易的事，至少比读者从我的文字里能读到的要艰难百倍。但对人生而言，最大的激励又是什么呢？我想可能就是"改变世界的机会"。我常常在想，PingCAP在干的这件事除了我们这些人，别人是不是也能干？能干的人肯定很多。有时候我会特别感恩，觉得我们运气特别好。为什么会是我们？是PingCAP？不管未来如何，至少我们已经能冲到这么远了，即使失败了也创造了新纪录，要成了我们还可以走得更远。这个机会不是凭个人的能力就可以抓住的，很多人都具备这个能力，很多人比我能力更强，但实际上这样的机会他们不一定有。这样的机会通常来讲人一辈子能够有一次就十分幸运，有两次就是老天爷追着赏饭吃了，所以这个机会往往远大于其他一切激励，因为没有任何物质或金钱的回报会如此稀缺。换言之，这个机会能换来其他的东西，但没有什么能买得到一个"一生的机会"。

选择的代价

任何选择都有代价，这就是我这几年创业的感悟。PingCAP 过去几年每次选择时都走了那条更加艰难的路，尤其是选择的当下。因为看不懂所以理解起来难，因为更长期所以讲清楚难，因为天花板高所以执行拆解难，往往在三年内我都不会觉得这是一个正确的选择。但创业成功的概率太小，资源又通常不够用，哪怕外面看起来融了很多钱，所以，我不得不建立起一个思考习惯，那就是重要的决定要往后想 5 年、10 年，然后反过来做现在的决定。但是这带来的副作用也很明显：当下去做的时候会很痛苦。比如你希望 10 年之后生活安逸舒适，现在就没办法安逸地待在舒适区里。我相对痛苦，公司的同事们也比较痛苦一点。从长期来看正确的选择，在短期看来都是更难的选择。

数据库这个产品，优点是天花板足够高；缺点是它承载业务的核心，出事的话就是大事。对于一个从零打造的产品，早期要想不把路走窄，我们就必须承受产品的不完美。不完美的时候，韬光养晦、闭门造车是个安全的做法，但产品就没有经历真实业务的打磨，迭代就不可能快。所以我们把产品放到社区去锤炼，变成我们的"华山一条路"，我们也一路体会着广大社区用户的厚爱（吐槽）。

以前外面有一个传说：PingCAP 的公关稿子他们自己不审，因为每一篇里面都有吐槽。其实这是我们要求用户的，希望他们在文章中加一小节对自己使用不满意的地方的描述。这种做法在硅谷很常见，因为把一个产品写得很完美人家就不信，所以我们确实是在用户的吐槽中成长的。我们还有一个惯例——吐槽大会。2021 届的 DevCon 又办了一场，还第一次请了投资人来观摩。很有意思的是，投资人从我们社区用户的各种吐槽中，听出来的是大家对我们的爱。有足够的吐槽，才能掌握最真实的需求优先级。我们一路走来，从稳定的内核到更多更好的工具，在此基础上再做云整合、开源生态和周边工具的整合。

其实被吐槽真的是幸福的，因为这说明你的产品有人用，而且用户还非常热切地希望你进步，改掉一些小毛病。之所以我们无比珍惜这样的吐槽，是因为在产品 1.0 刚出来的时候，在最痛苦的阶段我们没有一个用户，更别说商业化了。经过一个多月，我终于想明白了一点，你的这个产品，也就是数据库，作为一个承载业务命运的基础软件，用户选择它就是选择依靠你，这份信任的建立本身就是很花时间的过程，所以急不得。

那 PingCAP 到底凭什么赢得客户的信任呢？今天如果把一家国内的软件公司放到全球市场上，客户听说公司不开源就会免谈，因为客户不知道公司是否会在软件里面设置漏洞，特别是他的数据都在公司这里的时候。比如他最重要的资产、客户、账号、钱、游戏里的道具，统统在软件公司的数据库里面，他靠什么相信这家公司？这再一次说明开源是"华山一条路"，你只有公开透明，才会有一个信任的根基。**开源是建立信任的起始点。**

但只有开源是不够的，它还必须是鲜活的，长期运转的。能得到客户信任的前提是，基于开源项目你说的和做的长期如一。开源社区有一个优点，那就是一切行为都可以被追溯。基于这些长期的追溯，客户用很低的成本就能建立起对你的认知，知道你是不是长期如一地这么做，这也是长期信任的基础。客户选择了你的一个基础软件、一个数据库，本质上来讲就是选择了信任你、依靠你，就是要跟你做朋友。而我们选择长期主义，选择开源，也是选择做时间的朋友。

我是一个农村娃，有时候回看自己这一路走来所经历的种种，觉得自己特别幸运。每一年我都会有所成长，也有新的焦虑。比如跟上一年相比，觉得自己好像没怎么成长。所以，我和团队养成了一个习惯，会时常审视自己到底成长了没有，还有哪些方面需要提升，哪些可以相互补位。这样的焦虑会长期伴随我们，刺激我们不断地成长，不断地去接近我们的初心和目标。我也希望我的这种坚持本身，对于很多追求更大目标的、背景普通的人是一种激励。

PingCAP 创始人兼 CEO 刘奇

目录

第一章 / 缘起开源

第一节	写了个好玩的东西叫 Codis	002
第二节	Spanner 论文和 MongoDB 的启发	010
第三节	做一家把开源作为核心战略的公司	012

第二章 / 一战成名

第一节	MySQL 不行了,救急!	018
第二节	分布式为体、数据库为用	022
第三节	第三代开源的力量	026
第四节	七年,正当少年时	032

第三章 / 商业密码

第一节	开源风暴席卷全球	036
第二节	数据库技术和大数据服务的融合:新一代数据库成为基础软件皇冠上的明珠	045
第三节	发挥开源三大价值,构建企业服务能力	062

第四节　以场景和开源连接国内和海外市场　071

第四章 社区之道

第一节　增长飞轮　082
第二节　"黑客马拉松驱动的公司"　094
第三节　企业场景和企业贡献者　102

第五章 开放生态

第一节　开源特有的共创逻辑　124
第二节　一栈式服务生态实现数据价值兑现　134
第三节　融入国际生态主流　152
第四节　生态的源头活水：人才和教育　158

第六章 开源之机，向云而生

第一节　数字化大三角中的新一代数据库　164
第二节　开源的主流发展趋势和中国力量　171
第三节　终极想象还在云端　174

附录 A　PingCAP 大事记　185
附录 B　名词解释　189

第一章 缘起开源

第一节

写了个好玩的东西叫 Codis

我记得是有一天下午在喝咖啡的时候，同一个小组里的伙伴随口聊到的这个想法，这里面其实有一个特别创新的点，解决了一个大量用户并发访问情况下数据的无痛迁移问题。所以当时它就是一个动机，非常随机的一个动机。而且 Codis 从开始写到发布，第一个版本一共用了不到两个礼拜的时间。

——黄东旭，PingCAP 联合创始人，CTO

2013 年，还在豌豆荚当工程师的黄东旭遇到了一个挑战：由于业务量的急剧增长，有些服务器的缓存告急。如果缓存耗尽，就会造成用户在使用豌豆荚的服务比如搜索或浏览功能时，出现服务器性能急剧下降的问题，甚至完全失去响应，这显然是用户不能接受的。豌豆荚当时的一个设计理念，就是尽可能地把数据全都放在缓存里面，因为这样访问速度会更快，也才能保证更顺畅的用户体验。不用缓存的话，用户每次访问可能就需要花费 100 毫秒甚至更长的时间；如果希望只用 1 毫秒访问的内容就显示出来，那就只能用缓存技术。

但在当时，缓存服务只有单机版，而要解决这个问题，必须能够把缓存做成一种弹性水平扩展的分布式服务。这么一来，如果一台服务器不够就可以加一台或多台，直到缓存够用为止。

和所有的软件工程师一样，刘奇和黄东旭花了不到两个礼拜的时间，写了个叫 Codis 的软件，实现了这样的服务，彻底解决了这个业务问题。但和大部分软件工程师不一样的是，他们没有止步于此。黄东旭发现，Codis 属于基础软件的范畴。因为缓存问题并不是只有豌豆荚的某个具体业务，而是所有业务都会或多或少、或早或晚遇到的问题，所以，他们做出了一个与众不同，但非常重要的决定：

把 Codis 开源。

Codis 是第一天就开源了的，它的成功其实是我们后面事业的基础，因为 Codis 在开源以后，成为全中国能叫出名字的互联网公司都在用的东西。但它其实是我们花了一两个礼拜做的。这么快的时间，也没做任何推广，就因为它确实是刚需。

——黄东旭，PingCAP 联合创始人，CTO

Codis 在开源一年以后，已经红遍大江南北；传播范围之广，连原作者都始料未及。时间来到八九年后的今天，黄东旭还经常在各种技术会议上被问及 Codis 的各种技术细节的问题。"有时和会议主题一点关系也没有，而且这个项目也早已不再由我作为主要的维护者了，但是真的经常还是会有人问我关于 Codis 的事情，因为他们还在使用，很多都是用户自己根据需求在维护。"黄东旭说到这里的时候，在无奈中又透着些许自豪。

开源的力量，就是以这样的方式给黄东旭以极其强烈的冲击。仅仅因为自己对某个需求的理解更深入一些，并给出了一个通用的、能够满足现实世界中人们的需求的解决方案，他的影响力就不胫而走，因而他无须花费巨大的人力和财力，用户就会主动而热情地选择他的产品，这简直是一种魔力！

也许，Codis 的诞生过程的一个更加重要的意义在于，它让三个后来成为事业合伙人的豌豆荚工程师结合成了一个团队。黄东旭当然是其中一员，另外两人，就是刘奇和崔秋（见图 1.1）。

Codis 并不是从零开始做起的，而是建立在当时最流行的单机版缓存服务 Redis 的基础上的。最简单的理解就是：Codis 利用了 Redis 已有的接口协议，但没有改造 Redis 本身，而是在其上层架设一套设施，把缓存服务做成分布式的。也就是说，在每一台服务器上，缓存服务还是由 Redis 来完成，但是将缓存中的数据从一台服务器扩展到更多的服务器上，以及这些服务器之间缓存数据的转移和同步，则是 Codis 实现的了。应用程序在使用 Codis 时，可以采用和单机版 Redis 几乎一样的方式，只是它面对的是一个"容量无限"的 Redis 缓存服务。可想而知，这样的服务会给应用程序的性能带来多大的提升，并且还几乎不需要对应用程序做任何的改动！难怪 Codis 一经推出，就会受到非常热烈的欢迎。

图 1.1　左起：黄东旭、刘奇和崔秋

但是，软件开发可不是说说那么容易。其中有一个比较大的挑战，那就是作为一种分布式缓存，Codis 需要能够弹性地自动扩容，既能实现扩容数据在不同系统间迁移，又能保证客户端访问数据的一致性。比如，在一台机器上有一块数据，数据扩容后，增加了两台服务器，这时需要把原来的部分数据挪到新的服务器上。在挪数据的过程中，还得保证客户端通过原来的服务器能够访问以前的数据。如何实现这一点，很让人伤脑筋。

灵感来得很突然，一天下午刘奇跟同事讨论之后，脑子里忽然就有了思路，知道了怎么写一个算法来实现。

这个创新的算法，刘奇并没有给它命名，但它却是 Codis 项目的起源。简单来说，这个算法是给 Redis 增加一个迁移（migrate）命令，这个命令相当于做了一个将缓存的键值从 Redis A 到 Redis B 的原子迁移。这个操作听起来很简单，实际上挑战很大，因为刘奇和他的同事希望尽可能在不改变或少改变 Redis 的前提下，保持上游的 Redis 一直使用新版本，这就涉及数据平滑迁移的问题。传统的数据迁移，一般是整片的数据搬运，两台机器停止写入，做数据交换。但是这个过程需要一定的交换时间，这点恰恰是刘奇和他的同事不能容忍的，他们觉得这个交换的时间曲线不够平滑，也让算法整体的设计变得复杂。而刘奇想出来的算法，相当于把一个大的迁移作业分解成无数个小的迁移作业，像蚂蚁搬家一样，一点点地完成数据交换，原本可能需要几天才能完成的大事务，用这个算法只需要几小时就完成了。打个比方，一般情况下，Redis 的数据交互就像买东西时 A 给 B 一笔钱，B 给 A 一个东西，然后 A 再给 B 一笔钱，B 再给 A 一个东西。而 Codis 是直接把 A 要购买的物品清单全部列好，然后一次性发送，大大减少了交换时间，降低了连接建立和并发计算的开销。

黄东旭开玩笑说："**这个是非常老师傅的编程技巧，我以前都不知道。**"

Codis 使用一种现在已经炙手可热但当时还不甚流行的语言——Go 语言来实现。Go 语言的缔造者中，有一位全世界程序员公认的大神级人物——肯尼思·汤普森（Kenneth Thompson），他是 UNIX 操作系统的主要开发者。UNIX 操作系统不仅是一切主流操作系统（包括苹果的 macOS，还有 Linux 及其前身 MINIX 等）的事实基础，更重要的是其设计哲学几乎影响了整个软件行业和在这个行业中的所有人。尤其是在行业内深耕的、具备相当素养的工程师，都一定会自觉或不自觉地受到 UNIX 设计哲学的影响。Go 语言的另一个主要设计者和早期实现者罗布·派克（Rob Pike），虽然没有直接参与最初版本的 UNIX 的开发，但同样也属于贝尔实验室 UNIX 开发组的最资深成员，并且他是字符编码 UTF-8 的主要实现者。UTF-8 是目前整个互联网上的字符编码的事实标准，它的灵活性和包容性使得从古埃及圣书体到只在小范围内使用的苏州码子，以及层出不穷的网络表情符号中的每一个古今中外人类所使用过的字符都能够被编码并在网络中传播。

所以，Go 语言的出身决定了它具备极高的品质。而且，Go 语言也是一种从第一个版本起就开源的程序设计语言，所以来自世界各地的很多程序员也是第一时间就发现并开始使用它，然后立刻发现了它所具有的很多美妙的语言特性，比如 GoRoutine，这是一种从语言层面上就支持并发编程模型的特性。在并发中使用最频繁的、也是占用时间最多的上下文切换，其他语言基本上是通过线程的切换来完成的，但是通过在语言中内建的资源调度器，Go 语言使用比线程轻量得多的 GoRoutine 完成了上下文切换，比前者节省了高达 80% 左右的时间。可想而知，这会给涉及密集上下文切换的重度并发程序带来怎样的性能提升。尤有进者，Go 语言的并发模型的基础是一种有着严格数学背景的、称为 CSP（Communicating Sequential Processes，通信顺序进程）的原语，所以在实际工程中具备几乎无懈可击的可靠性。这一切都深深吸引着这三个豌豆荚的工程师。图 1.2 展示了 Go 语言负责人转发并评论 PingCAP 的推文。

图 1.2　Go 语言负责人转发并评论 PingCAP 推文

　　黄东旭和刘奇都在豌豆荚的基础架构组，这个组的英文名字叫作 Technical Infra。刘奇最早还在京东的时候就开始使用 Go 语言，在京东期间他还把 Go 语言的标准库源代码（又称源码）几乎都读了一遍。刘奇去豌豆荚面试时，黄东旭是面试官。根据刘奇的回忆，他在面试过程中黄东旭除了考查他算法，大部分时间在和他交流 Go 语言的各种使用心得。而崔秋则是在广告和游戏业务组，也十分热爱

Go 语言,用崔秋自己的话说,通过几次内部的黑客马拉松比赛,他马上就和同样热衷于 Go 语言的黄东旭他们成了"臭味相投"的同道中人。正好崔秋所在部门的业务最早遇到了缓存问题,所以崔秋成了 Codis 的首批用户,而 Codis 又是开源的,所以,同样擅长编程的崔秋不仅在业务中重度使用 Codis,还动手对 Codis 的源代码做了不少改进。就这样,三人基于对技术的共同爱好越走越近。

黄东旭小传

黄东旭来自广西南宁,是一位狂热的编程爱好者。在小学期间他无意中接触到 Basic 编程的图书,之后便对计算机相关的书籍产生了浓厚的兴趣,这位少年通往编程世界的大门也随之打开了。

我每周都会让我母亲带我去书店,去看那些计算机相关的书,一待可能就是半天或一个晚上。

1997 年,黄东旭拥有了自己人生中的第一台计算机。小学毕业时,他已经能玩转基本的 C 语言、Pascal;初中毕业时,已经能够用 Visual Basic 做一些小工具的开发;高中毕业时,在 Linux、GNU 及自由开源软件运动的社区里他结识了很多志同道合的网友。

大多数同龄人很难理解黄东旭的这些所作所为,"怪咖"这个称号也就伴随了黄东旭几年的时间。

所以还是蛮孤单的,后来我也习惯了这种状态,享受起这种孤独的时光。我更喜欢跟机器打交道。机器让我觉得非常舒服,觉得一切尽在自己的掌控之中,所以很有安全感。它就相当于是你的特别好的伙伴。就算我开着计算机不干什么事情,就是看着它,也会觉得很温暖。

也正是因为年少时的这段经历,让黄东旭成为一个外表乖巧,内心却又比较叛逆、固执、任性的人。他还有一个鲜为人知的身份——摇滚爱好者(见图 1.3),并且听摇滚乐与他喜欢开源软件之间还有着某些特别的联系。

图 1.3　摇滚爱好者黄东旭

我接触开源是在初中，当时正好也开始听摇滚乐。我那时还住校，然后周末的晚上就会溜出去看演出。

现在的黄东旭，吉他、贝斯……基本上他都会玩。摇滚代表一种独立自由的人生姿态。他觉得坚持独立思考是这个世界特别稀缺的品质。比如音乐和审美，大多数人可能不知道自己喜欢什么音乐，或者不知道什么是美，或者大家认为的美其实是别人说的美，可能没有经过自己的思考。他觉得审美也是一种能力，尤其是独立的审美能力。他对计算机和摇滚乐的喜爱，源于他对秩序和美的渴求，这也是开源核心价值的组成部分。

UNIX 哲学

20 世纪 60 年代，贝尔实验室、麻省理工学院、通用电气公司合作了一个名为 Multics 的项目。由于合作中存在诸多问题，最终 Multics 项目失败了，但项目组的核心成员之一肯尼思·汤普森不甘失败，他认为这个项目中还是有一些非常有价值的想法和积淀的。于是，他用汇编语言重新写了一组核心程序，同时包括一些工具和驱动，以及一个小型文件系统，并起名 Unics。后来，肯尼思·汤普森的同事丹尼斯·里奇（Dennis Ritchie）发现这个东西太好用了，但是移植性很成问题。因为每次将 Unics 安装到不同的机器时都要重新用汇编语言写一遍，很不方便，于是，丹尼斯·里奇就把它用 C 语言重写了一遍，同时把名字改为 UNIX，这一年是 1973 年。

经过多年的发展，UNIX 的技术越发成熟，如今已发展成为一个支持抢占式多任务、多线程、虚拟内存、换页、动态链接和 TCP/IP（传输控制协议/网际协议）网络的现代化操作系统。它以直接或间接的方式，构成了目前所有主流操作系统的基础。UNIX 中的一些重要设计因素到如今都还在使用，甚至形成了一组称为"UNIX 哲学"的技术原则，其核心思想一言以蔽之，就是"松耦合"，也就是以简洁自洽的方式设计模块化组件，每个组件只完成一项工作，彼此之间边界清晰，然后用管道的方式，把复杂的工作用各项单一工作串联成流水线。换言之，就是软件组件之间各司其职，以松散的方式独立开发和迭代，只保持接口的相对稳定性，这样即便某个组件出了 bug（漏洞），也能单独对这个组件进行修正升级，而不会影响其他组件，这就可以大大减小整个系统的"爆炸半径"。

UNIX 哲学对黄东旭还有像他一样优秀的同事，都产生了深远的影响。

第二节

Spanner 论文和 MongoDB 的启发

> *Online Schema Change*（《在线数据库表结构变更》）是一篇带有一个很神奇想法的论文。看到它以后，我们发现了整个拼图的关键，这回需要的东西都齐了。
>
> ——黄东旭，PingCAP 联合创始人，CTO

Codis 解决了缓存的扩展性问题，但是，数据访问的三个层次中，最底层、最核心，也是最重要的一个层次，就是工程师无时无刻不在与之打交道的数据库层。能不能把 Codis 的开发经验也应用到数据库中呢？我们通过利用单机版的缓存服务 Redis 的基础能力，开发出了 Codis，那么是不是也有可能在应用最广泛的开源数据库 MySQL 的基础上，开发出一种支持弹性水平扩展的分布式数据库呢？

其实互联网行业龙头谷歌公司很早就开始研究分布式数据库，并且已经实现了用在谷歌自身业务中的版本——Spanner。但是，可能是由于与自身业务绑定得过深，也可能是出于其他考虑，谷歌并没有把这个数据库软件开源，而是采用了一种更有意义的方式向世界展示，就是从 2012 年左右开始发表了一系列的技术论文。黄东旭等人在 2013 年看了这些论文，尤其是这些论文中的第二篇，让他们看到用类似 Codis 的实现方法做分布式数据库已经有人实现了，换言之这件事情是肯定可行的。这对于有追求的程序员来，是一种莫大的鼓舞。

我们一开始觉得，这东西半年肯定能做出来。你想嘛，我们 Codis 才花了两周时间做出来，就算这个东西难 10 倍，两周乘以 10，那也就才 20 周，还不到半年。但到现在都六年了，还不能说我们已经完全做到了理想程度。

但在工程的世界里，完成永远比完美重要。黄东旭、刘奇还有好几个人都不约而同地回忆起 2016 年的大年三十，那天大家还在调试代码，并且就是在那几天联调通过。这个代码是数据库服务器的物理基础，也叫作持久层的关键服务，它的基础数据结构是 KV（Key-Value，键值）对。有了它，数据库中最核心的组件就算做出来了。

这个组件，就是 TiKV。而建立在这个组件之上的数据库，就是大名鼎鼎的 TiDB［DB 为 database（数据库）的缩写］。为什么名字以"Ti"开头呢？很多人都知道的是，Ti 表示的是元素周期表中的钛元素。钛是一种高端金属材料，既轻又结实，而且用途广泛，从眼镜的镜架到飞机的表面材料都有应用。这个名字应该饱含着黄东旭和刘奇他们的希望，那就是希望这个产品和钛金属一样经得起折腾。但是，很少有人知道这个名字还有另一层含义，它是这个产品最初的开发团队的名字——Technical Infra 的首字母缩写。

以键值对实现的持久层，就是曾经风靡一时的所谓 NoSQL 技术，它的代表是一款开源产品 MongoDB。虽然有数据库（DB）之名，但是它却完全脱离了 SQL 而直接操作键值对。"NoSQL 的出现虽然解决了水平扩容的问题，但牺牲了 SQL，不支持事务，无法处理对一致性有很强要求的交易类复杂数据。"这是刘奇基于自己对 NoSQL 技术和产品的理解对这项技术给出的综合判断。因此，在决定架构的时候，他们选择了按照 Spanner 论文中的做法，把数据库层（SQL 层）和持久层（KV 层）分离。在谷歌的产品线中，持久层的名字叫 F1，所以，TiDB/TiKV 就对应于 Spanner/F1。在潜意识中，他们也感觉这是一个更好的选择，因为它符合 UNIX 哲学中的松耦合原则：所有能够分离的东西都尽量分离。后来的发展也证明，确实 TiDB 和 TiKV 分离后，虽然各自都进行了较大的改造和升级，但彼此之间几乎不会有任何影响，都可以独立运行，甚至可以各自去适配不同的数据层和持久层组件。

MongoDB 也是一款明星开源产品，而且直至今日还拥有海量用户。虽然刘奇他们最终没有选择走 NoSQL 这条路，却也在其他重要方面受到了 MongoDB 非常有价值的启发，这是后话。

无论如何，选择了与谷歌相同的技术赛道，这听起来确实很酷。但这还不是最酷的，在产生了"要做分布式数据库"的想法以后不到一周，这个小团队（指刘奇、黄东旭和崔秋）就做出了一个令所有人大跌眼镜的决定：

辞职创业。

第三节
做一家把开源作为核心战略的公司

> 太想做这件事了,一刻都不愿意等待!

2015 年初的冬日寒风中,刘奇、黄东旭和崔秋并肩走在北京东升科技园内。虽然没有事先说好,但他们都知道这场谈话后,三人将脱离稳定的职场,跃入创业的浪潮。

公司的名字,再一次反映了创业团队的硬核技术范儿。PingCAP(见图 1.4)这个有点古怪的名字,发音是 /pɪŋˈkæp/。它分为两个部分,即 Ping 和 CAP,得分开来解释。

图 1.4 PingCAP 的设计海报

Ping 是一个 UNIX 命令。它的功能是测试机器的连通性和访问性能,它们是高效和可扩展性的基础指标。

而 CAP 则是分布式系统的核心概念。具体地说,C 表示一致性(consistency),A 表示可用性(availability),P 表示分区容忍性(partition tolerance)。

所以,其实公司名字的含义就是高效可扩展的分布式系统,没有一定技术基础的人还真理解不了。"当时看了一下，发现域名 pingcap.com 还没有人注册，那么就是它了。"黄东旭又为这个已经充满技术味儿的名字加了一条务实的注解。

接下来就是一个所有创始团队都会面临的问题：创始团队的角色和分工。关于这一点，崔秋回忆道："最开始，大家一起写代码，这也是当时最开心的一段时间。但是那个时候我们也面临一个问题，就是一个公司里边不太需要三个 CTO，所以，我们开始有了一些分工。我当时其实是在做自己人生的一次选择，还是很纠结的。因为我之前的想法，不说成为一个伟大的技术人员，也是要做一个优秀程序员。尤其是出来创业了，更希望透过开源社区，能给业界带来一些不一样的东西。可是，如果说为了公司好的话，考虑这个问题的角度可能就有一些不一样了。所以，那个时候我就做了一次对人生来说很重要的决定，就是不担任技术负责人，而是去负责公司一些偏内部运营方向的事情。"

一个成功的团队，当然不仅需要技术角色。但 PingCAP 创始团队中的所有三个人都是资深的技术人员，都对技术有深深的热爱和很高的追求。崔秋的选择是极其难得的，虽然不做技术负责人，但他以一个非常懂技术的身份为公司招聘了 80% 以上的技术力量，并把一家技术驱动的公司的管理和服务做到井井有条，而且尤其深得技术员工的喜爱，让公司成为他们成长的良好土壤。当然，崔秋在任何时候都是一个非常强的技术工作者，他也利用自己的技术优势，对 PingCAP 进行了很好的内部服务和中台系统的选择与开发。这些都是他被所有人称为"PingCAP 大管家"的原因，他自己也很为这个称号而自豪。

而在 CEO（首席执行官）和 CTO 的人选方面，PingCAP 也与众不同。一般来说，技术实力更强的人会做 CTO。但在 PingCAP，技术更强的人是做 CEO 的，而且"在确定这个原则时几乎没有任何阻力地就通过了"。经过内部讨论以后，黄东旭出任 CTO，而刘奇则做了 CEO，"他也更成熟稳重些"。所有人对自己的角色和分工都感到满意。价值观一致的团队，的确讨论不累。

分工和产品明确后，就要决定最关键的方面：核心战略。要创业做分布式数据库，谈何容易！凭什么谷歌花费巨大人力财力才能做出来的产品，几个国内工程师也能做出来？这种质疑似乎完全没毛病。刘奇在微博上发了一条招聘帖（见图 1.5），浏览量近百万，却一份简历都没收到。但是另一方面，在 PingCAP 连公司都还没注册下来时，就已经有了第一个员工——唐刘。他来自哪里呢？开源社区 GitHub。

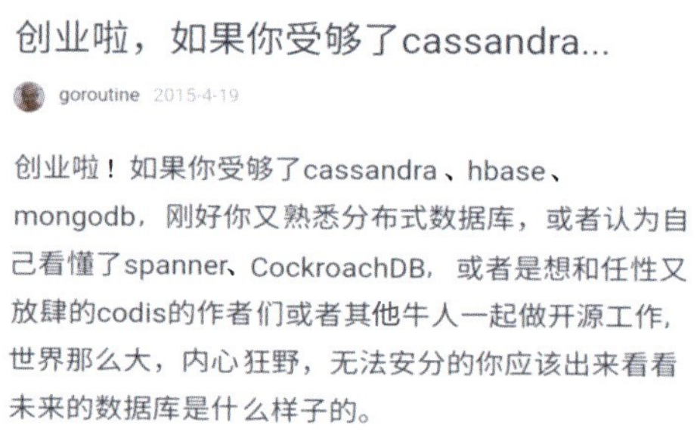

> 创业啦，如果你受够了cassandra...
>
> goroutine 2015-4-19
>
> 创业啦！如果你受够了cassandra、hbase、mongodb，刚好你又熟悉分布式数据库，或者认为自己看懂了spanner、CockroachDB，或者是想和任性又放肆的codis的作者们或者其他牛人一起做开源工作，世界那么大，内心狂野，无法安分的你应该出来看看未来的数据库是什么样子的。

图 1.5　刘奇创业后的首条微博

我们一直坚持做开源，最后这变成了 PingCAP 的一个标签，变成了一个根本不可能撕下来的标签。

唐刘和 PingCAP 创始团队接触还是在做 Codis 项目期间，他是这个项目的积极贡献者，双方在网上有过比较多的接触，但在线下从未见过面。2015 年 4 月 1 日，唐刘忽然接到了刘奇的一个电话，刘奇直截了当地问："我们创业了，做分布式数据库，你要不要过来？"面对这么突然，甚至有点突兀的问题，唐刘最后的回答竟然是"Yes"。

开源就这样给 PingCAP 带来了招聘的破冰，这是 PingCAP 将开源作为公司的核心战略后的第一个成果。后来，开源核心战略一直是 PingCAP 的制胜法宝。

刘奇谈作为核心战略的开源

我们讲战略的时候，通常有一个潜台词，叫战术。那么战略和战术的差别体现在哪里呢？比如说，我要做一件事情的战略规划是 5 年、10 年、20 年，也就是说每一年在做这件事情的时候，我都是坚定不移的，不会为其他的东西让路。但如果是战术开源，它通常的结果就会演变为使用 KPI（关键绩效指标）考核的开源，大家会每隔一段时间评估一次开源带来了什么收益、效果或者是商业层面带来多少营收。而如果是要 10 年、20 年坚持做一件事，那你通常不会这么干。

我们对开源的信仰是极坚定的。比如今年我有一笔预算要支出，那战略的支出和战术的支出差别是什么？如果是战略支出，那么什么都不需要抢，其中的一部分我先划拨出来，剩下的钱如果不够满足战术项目，就再想办法。那如果把开源当作战术的话，大家就会想，某个项目我投进去比如说 1000 万元要带来 3000 万元的营收，这个开源项目投了 1000 万元，好像没带来什么营收，那优先级就要往下降。到最后能分到开源项目上的投资，不好意思，今年就 20 万元，你就这么干吧。这就是战略和战术的区别。

唐刘小传

"如果哪一天 PingCAP 决定不再开源了，那我肯定立马就走人——这是个原则问题。"PingCAP 首席架构师唐刘（见图 1.6）曾经说过这样的话，他也是 PingCAP 的第一位员工。

图 1.6　唐刘在开源中国的演讲

唐刘将自己与 PingCAP 的结缘形容成一场"网恋"。在加入 PingCAP

之前，唐刘跟 PingCAP 的创始团队可以说是"最熟悉的陌生人"，他们从来没有见过面，就算走在路上也互不认识，只是在网络上大家比较聊得来。在之前的聊天中，他们提到过一起做一个开源的分布式数据库的梦想。有一天刘奇突然联系唐刘说自己创业了，做的就是分布式数据库，邀请唐刘加入。唐刘虽然很感兴趣，但还是一口回绝了，因为他在珠海定居多年，不想去北京。没想到刘奇却说："不用来北京，你在珠海上班，在家上班就行。"唐刘一听，果然来了兴致，立马飞到北京跟刘奇他们见面。那时的 PingCAP 还是个简陋的"小作坊"，但是唐刘与刘奇、黄东旭、崔秋见面交流后，果断决定辞职加入 PingCAP，因而成为 PingCAP 的第一位员工。

唐刘是一名重度开源爱好者，他认为开源是一个生态闭环，不仅仅是开源代码，还要包括维护的全过程。开发者应当将细小的事情做到极致，将代码分享给更多有需要的人，解决他们的问题，而不是把代码开源出来就不管了。

加入 PingCAP 后，唐刘主要负责下一代分布式数据库 TiDB 和分布式存储 TiKV 的开发。虽然谷歌的 Spanner 和 F1 论文为他们提供了参考，但是实操时还是需要自己摸索。唐刘等人根据论文的论点，先通过朋友或者其他渠道搜集更多的信息，再尝试解决一系列技术难题，工作难度很大。因为他们是全世界最先实践这种拥有超大规模集群、可在线进行 Schema（数据库对象的集合）变更的开源软件的人，没有参考物，一切只能靠自己摸索。

第二章

一战成名

第一节

MySQL 不行了，救急！

> 反正你横竖都是死，要不试试 TiDB——它跟你的数据库完全兼容，万一把你救活了呢？
>
> ——黄东旭，PingCAP 联合创始人，CTO

盖娅互娱（见图 2.1）（全称北京盖娅互娱网络科技股份有限公司）成立于 2014 年 10 月，是一家面向全球用户提供高品质内容的互动娱乐公司，具备全球化的游戏研发、动漫创作、内容发行、IP（Intellectual Property，知识产权。在互联网中，IP 可以理解为所有成名文创作品的统称）开发以及跨境并购与整合的经验和能力。

图 2.1　盖娅互娱标志

2016 年，盖娅互娱上线了一个智能实时广告投放系统，叫作 GaeaAD，用于支持全平台实时广告投放。该系统使用的是 MySQL 数据库，它的功能是将广告数据和游戏 SDK（软件开发工具包）上报的信息进行实时匹配，即需要实时地对各个渠道的广告投放与相应渠道带来的游戏玩家数据进行计算，从而实现分钟级别的广告转化效果展现及优化。

然而随着业务的发展，以及越来越多游戏用户的接入，GaeaAD 每日接收的数据量很快突破了千万级，高峰期每次参与实时匹配的数据量更是大得惊人。因而系统变得非常卡顿，单次匹配耗时从原本的 10 秒左右增加到 2 分钟以上，最慢的聚合查询甚至达到 20 分钟，时效性受到严重挑战。

盖娅互娱试图寻找解决方案。他们想到了业务拆分方案、基于 MySQL 的数据库中间件方案和一些主流的 NoSQL 方案。但是经过仔细评估后，他们认为所有方案都行不通。业务拆分方案的问题在于业务逻辑中包含大量的关联查询和子查询，一方面分表后这些查询逻辑无法做到透明兼容，另一方面这些都是比较核心的业务系统，整体做大的重构时间和精力也不允许。其次是基于 MySQL 的中间件方案，它的问题与分库分表（也就是第一种方案）类似，虽然能解决大容量存储和实时写入的问题，但是无法满足查询的灵活性。最后是主流的 NoSQL 方案，选项有 Greenplum、Hive、SparkSQL 和 MongoDB。但是盖娅互娱的系统需要接收业务端能够进行并发的实时写入和实时查询，而上述系统要么不是针对实时写入设计的，要么就是对业务的修改太大，从而破坏了大数据量下聚合分析逻辑的高效性。

所以，盖娅互娱需要的是这样的一款数据库：它一方面要能像 MySQL 一样便于使用，最好能和 MySQL 基本兼容，这样业务就几乎不用做任何修改；另一方面它又要能满足不设上限的存储需求，还要具有很高的复杂查询性能。

得知盖娅互娱陷入这种困境的黄东旭，主动向盖娅互娱的 CTO 焦洋推荐了当时还在内测的 TiDB。虽然焦洋也有一些担心——因为 PingCAP 的产品还没有用在生产环境中的案例，风险与收益不可预知，但他最终还是决定试用一下 TiDB 方案，毕竟 TiDB 高度兼容 MySQL，不用改代码，迁移和使用成本很低。

就这样，PingCAP 的核心产品 TiDB 有了第一次商用的机会，盖娅互娱也就这样误打误撞地成了第一个在生产环境中上线使用 TiDB 的用户。

TiDB 完成上线部署以后，所有人都捏了一把汗。当天，盖娅互娱负责广告投放的小姑娘忽然冲了过来，对着焦洋就拍桌子："怎么系统又崩了！"此时，亲自驻场的 PingCAP CTO 黄东旭展现出了大将风范，他从故障现象判断出来不是非常严重的问题。经过一番紧急修复，并把 TiDB 重新部署上线后，奇迹出现了：查询时间从原来的 20 分钟一下子缩短到了 10 秒！

初战告捷！

由于给人留下的印象实在太深刻了，盖娅互娱采用 TiDB 瞬间解决了 MySQL 扩展问题的事情在游戏业界很快传开，PingCAP 可以说是一战成名。

技术小窗：MySQL 分库分表的普遍性问题

盖娅互娱遇到的问题，实际上在很多公司普遍存在。因为随着业务的发展,数据库中的数据量激增,单张数据表中的数据轻易就可以达到百万级甚至千万级的量。这时,MySQL 数据库所能承载的数据量和数据处理能力都遇到瓶颈,操作数据库变得很吃力,可能查询半天都出不来结果。为了缓解数据库压力,最大限度地提高数据操作效率,MySQL 分库分表方案应运而生。

分库分表,简单来说,就是通过某种特定条件,将存放在同一数据库中的数据拆分后存放到多个数据库中,从而实现减小单个数据库压力的目的。根据数据切分(sharding)规则的不同,分库分表主要有垂直切分和水平切分两种模式。

MySQL 垂直切分,也叫纵向切分,是对不同的表进行切分,然后存储到不同的数据库中。垂直切分主要是针对业务的拆分。一个数据库由多张表构成,每张表对应不同的业务,所以可以按照业务的不同将表进行分类,并将其分布到不同的数据库上,这样就将数据分摊到了不同的数据库中,做到专库专用。垂直切分带来的好处很明显:首先,只要业务分割足够独立,即便其中某一个业务崩溃,其他业务也不会受到影响;其次,垂直切分还起到了负载分流的作用。最终,数据库的吞吐能力得到了提升。

但是,MySQL 垂直拆分也增加了系统的复杂度。最大的问题是要对业务进行大量修改,还有一个问题是资源利用率因为拆分而急剧下降。

MySQL 水平切分,也叫横向切分,是对同一张表中的数据进行切分,然后存储到不同的数据库中。它是按照一定的逻辑规则将一张表中的数据分散到多个数据库中,在每张表中包含一部分数据,所有表加起来就是全部的数据。简单来说,MySQL 水平切分就是将表中的某些行切分到一张数据库表中,而将其他行切分到其他数据库表中。比如,"双十一"的交易数据就可以按省份切成不同的表。

每个物理数据库支持的数据是有限的,每一次数据库请求都会产生一个数据库链接。把单个数据库分成多个,可以缓解更多访问的压力。举个例子,高峰时段同时有 100 万次请求,如果是单库,数据库就要承受 100 万次的请求压力;如果拆分成 100 张表分别放入 10 个数据库里,那么每张表只需进行 1 万次请求，每个数据库只会承受 10 万次的请求压力。

水平拆分最大的问题也是对业务进行了大量修改，几乎无法复用原先业务中的复杂 SQL。另外，有了写入热点问题之后，处理起来会非常困难。

虽然遇到大文件、高数据量时，MySQL 分库分表一定程度上缓解了数据库的压力，提高了数据操作效率，但是也带来了一个很大的挑战，那就是实时性、总体性的查询变得十分困难。

MySQL 分库分表后，不同的数据是相互完全隔离的，谁也不知道谁在做什么，所以很难做到实时的综合查询。举个通俗的例子，"双十一"网购期间，商家按照地域把买家从一个全国库分成若干个行政区地理库，有个店家在下午两点想要统计某件商品全国卖了多少件，都是谁买的，在 MySQL 分库分表下根本做不到，必须等到所有数据在当天晚上被复制到一个很大的集群里面，第二天（T+1）才能够做统计分析。

MySQL 分库分表的另一个大的缺陷是没有自动伸缩的弹性，当某个数据库的数据量特别大的时候，因为集群横向扩展能力有限，数据库分库分表后可能会无限细分，基本上很难具备自动伸缩的能力。此外，MySQL 分库分表让不同的数据库处于不同的服务器上，这让事务处理过程变得复杂。所谓事务，就是要么全部成功、要么全部失败的一组操作。而一旦分库分表，很难在分布在集群上的多个数据库之间实现事务；即便实现了，也往往会大大地牺牲性能。更要命的是，在实际业务层中经常会使用 MySQL 的一些子查询和分组查询功能，但是一旦研发人员用到了 MySQL 分库分表或者中间件，尤其是在已经上线运行以后再进行分库分表，那么业务层可就难免伤筋动骨了。

TiDB 以釜底抽薪的方式解决了 MySQL 分库分表的问题。"过去大家都知道 MySQL 数据量大了以后只能切分，现在 TiDB 就可以解决这个坑。大家都非常清楚这是个痛点，你不用去跟别人解释，TiDB 就是一个非常厉害的内核代码。有需求有痛点，然后问题足够清晰，如此一来，MySQL 的用户理论上以后都能成为 PingCAP 的客户。这个天花板足够高，市场足够大。"黄东旭如是说。

第二节
分布式为体、数据库为用

> 其实我们的初心很简单，最开始只不过是几个不愿妥协的分布式系统工程师对心目中"完美"的数据库的探索。
>
> ——黄东旭，PingCAP 联合创始人，CTO

你见过不能存储数据的数据库吗？

这就是 2016 年 9 月开源的 TiDB 第一版，它只有数据库层，支持与 MySQL 完全兼容的 SQL 语法。但是，它没有持久层，也就是说，它并不能存储数据。然而就是这样的一个开源"数据库"，却迅速地登上了 Hacker News（一个在科技圈非常流行的新闻网站）首页。

如果让你来做一个分布式数据库，你会怎么设计？

读过本书第一章的读者，可能会很自然地想到 Codis 的设计：它就是在现成的缓存服务 Redis 的基础上附加了一层分布式逻辑，只对 Redis 做了一点"小手术"就完成了把单机版缓存升级为分布式缓存的工作。那么数据库层也如法炮制，把单机版的 MySQL 拿来加一层分布式逻辑，不就行了吗？

黄东旭一开始的想法也类似，不过他想采用更直接的做法：对 MySQL "开刀"，把它的单机版存储引擎替换成分布式存储引擎。数据库无非两层：一层用来解析处理 SQL，另一层根据解析结果完成持久层的数据读写。那么，保留前者不动，把后者替换成分布式的，不就解决了吗？2015 年 4 月，花了六周的时间，黄东旭完成了这项工作，结果一测试，性能完全无法接受。看来，MySQL 的 SQL 层逻辑和非 MySQL 的持久层逻辑没办法融合在一起。

后面就是一个很长的故事了，概括地说，那就是 PingCAP 研发团队通过使用数千万个测试用例的覆盖作为兼容性的保证，从零开始实现了一套完全兼容 MySQL 语法的 SQL 协议层，也就是 TiDB Server，这一部分是用 Go 语言实现的。然后，他们又使用 Rust 语言实现了弹性水平扩展的分布式持久层，也就是 TiKV Server。据黄东旭说，一开始他们不会用 Rust 语言，但在 TiKV 做完以后，TiKV 已经成为 Rust 语言社区最大的明星项目了——一点都不意外地，Rust 语言也是开源的。

TiDB 为什么能够在很短的时间内被开发出来，并迅速占领已经做了那么多年的 MySQL 的存量市场？这当然和 PingCAP 强大的研发实力分不开，也当然因为 PingCAP 的研发团队具备极好的工程感觉，知道哪些部分应该自己做，哪些部分应该拿来主义，以及应该先做什么、后做什么。很多时候，重大的工程决定来自人们多年经验积累带来的对简单事实的洞见：市场上并不缺数据库，缺的是分布式数据库。数据库固然难做，但是相对于分布式系统来说，还是后者更困难得多。本质上，问题不在于使用 MySQL 还是 PostgreSQL，问题在于人们难以在数据量激增时以弹性水平扩展的方式增加存储空间，并继续用与单机版兼容的方式来操作这些实际上已经是以分布式方式存在的数据，而完全不用考虑甚至意识到这一点。

所以，PingCAP 创始团队在分布式系统方面的深度积累，是 TiDB 成功的技术关键。

黄东旭谈 TiDB 研发中的工程探索

我们选择兼容 MySQL，第一个原因是选择在协议和语法层面的兼容，可以利用已有的社区里海量的测试；第二个原因是用户的迁移成本低，能让用户迁移得很顺畅；第三个原因是万事开头难，必须得有一个明确的目标，选定一个目标去实现，对开发人员来说心理压力最小。

TiDB 第一个版本的框架后来没好意思开源，我在想这个东西为什么这么慢？我们一步步去看每一层后就想动手改，但是发现工作量巨大，比如 MySQL 的 SQL 优化器、事务模型等，完全无从下手。第一版实验到此宣告失败，看起来写 SQL 语法解析器和优化器等这些已经是绕不开了，我们索性决定从头开始写。跟其他做这种软件的工程师的思路相反，我们选择了从上往下写，先写最顶层的 SQL 的接口协议层，我们要保证这个东西长得跟 MySQL 一模一样，包括网络协议和语法层。从 TiDB 网络协议、SQL 的语法解析器，到 SQL 的优化器、执行器等我们基本从上到下写了一遍，这个工作持续了三个月左右。

我们完成了架构 0.2，此时 TiDB 只有一个 SQL 语法解析器，完全不能存数据，因为底下的存储引擎根本没有实现。我的想法是，如果要保证这个数据库是对的，要先保证 SQL 协议层是对的。我们通过运行 MySQL 的兼容性测试程序来验证，大概有上千万个集成测试用例。我们还做了一件事情，就是把存储引擎抽象成很薄的几个接口，让它去接入一个 KV（键值）引擎，比如 LevelDB 和 RocksDB，接口的语义都是非常明确的。

后来我们做了一个架构 0.5，因为已经有了 SQL 层，SQL 层跟存储层基本上做了完全分离，我们终于可以像最初的 0.1 那样，接一个分布式引擎上去，当时我们接了 HBase。HBase 是阶段性的战略选型，因为我们想既然 SQL 协议层足够稳定，那么就可以接一个分布式引擎上去。但是，我们又不能在架构中引入太多不确定的变量，于是就挑选了一个在市面上能找到的、我们认为最稳定的分布式引擎，先接上去看整个系统到底能不能运行起来。结果还可以，虽然系统能够运行，但是我们的要求更高。所以，之后我们就把 HBase 舍弃了。跑通 HBase 标志着上层 SQL 协议层和抽象的接口已经足够稳定，我们的东西已经足够健壮，让我们能进一步去做分布式的东西。

TiDB 底层的存储引擎一开始是不能存数据的，现在是时候选一个真正的存储引擎了，我们觉得这件事情是一个巨大的坑。让一个小团队去写本地存储引擎不太现实，我们就从最底层选择了 RocksDB。RocksDB 可以被认为是一个单机版的 KV 引擎，它的背后是一种对写操作非常友好、同时在机器内存比较大的时候读操作性能会非常好的数据结构。存储引擎还有一个很重要的工作，就是需要根据机器的性能去做有针对性的调优。就新一代的分布式数据库而言，大家都会选择 RocksDB 存储引擎，我觉得这是大势所趋。最终我们选择了 RocksDB 作为持久层的最底层，上面的分布式层用的是 Raft。Raft 以上的层，就都是我们自己写的了。这么一来，TiKV 终于成为一个可以弹性扩展、支持事务和全局一致性、跨数据中心高可用的存储引擎了，而且性能还非常棒。

其实从开源到现在，我们一直在做 TiKV 的性能调优、稳定性保障等很多的工作，但是从结构上来看，这个架构我觉得至少在未来的五年之内不会再有很大的变化。我一直在强调的一点就是：**复杂性才是你最大的敌人，我宁可以不变应万变的姿态去应对未来突变的需求**。

最后想补充几点经验，第一就是重视工具。对于一个互联网出身的团队来说，其实工具是我们非常重视的一个点，它可以最小化业务的迁移成本。我觉得很多在大公司做重构，或者做基础软件的工程师，最好的工作方式就是润物细无声。用户完全不知道我在做底层的重构，底层就莫名地重构完了，这是最完美的状态。比如我之前做 Codis，我的要求是迁到新的方案上必须要一行代码都没有改，用户甚至完全不知道我在做迁移，这才是最好的。我认为这应该是所有做基础设施的团队的职业素养。

第二就是不要意外。比如说，你在做一个数据库，号称跟 MySQL 一模一样，那么如果展现出来任何跟 MySQL 不一样的东西都会让用户吓一跳。而且不要意外是很重要的一个开发原则。

第三就是悲观预设。永远都会有各种各样的突发事件和异常状况出现，其实这是分布式系统开发工程师每天都要对自己说的话。业务的数据是重于泰山的，但是任何的基础设施在运行时都可能会失败或出问题，你要预设你的数据库是一定会丢数据的，这个时候你的数据库设计才会更好。有的用户一开始想用 TiDB，但是有点害怕，我说没关系，你在你现有的 MySQL 数据库后面接个 TiDB 作为从数据库，然后在从数据库上面做查询。比如用户原来用 SQL 查询需要花 20 分钟，现在用 TiDB 能在 10 秒以内完成查询工作；或者用户用 TiDB 大概半年一点数据都没丢，系统非常稳定，这时可以再把 TiDB 切成主数据库。

第三节
第三代开源的力量

> 我坚定地认为未来一切都会运行在云上，公有云也好，私有云也罢，云背后的思想是屏蔽物理层面上的计算资源，让开发者只需要关心业务本身。
>
> ——刘奇，PingCAP 创始人，CEO

开源，对于 PingCAP 来说，是一种深植于基因中的要素。但是，开源并不是一个新概念。如果要追溯原初意义上的"开放源代码"行为所指的"开源"（Open Source），一般认为是 1998 年 1 月由克里斯蒂娜·彼得森和埃里克·史蒂文·雷蒙德在发布网景浏览器源代码时最早提出的。其中埃里克·史蒂文·雷蒙德也是著名开源代表作《大教堂与集市》（见图 2.2）的作者，这本书在 PingCAP 备受推崇。

开源这一概念从提出到现在，可以大致划分为三代。

第一代以 Red Hat 为代表，这一代的工作主要围绕开源概念的建立来展开，即强调代码开放精神，任何人都可以使用或者修改原始代码，同时需要将修改的部分公开。一些开源协议也是在这一代中出现了初始版本，或是有了雏形。这一代中，计算机和互联网还不是非常普及，开源主要是由很少一部分思想超越时代的顶级程序员在坚持和推进。这一阶段中，采用开源方式发布的软件产品主要与 Linux 相关，对 Linux 生态有着奠基的意义。但是，对于开源，这一代除了开放源代码，其他方面还主要处于探索阶段。

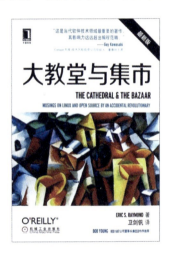

图 2.2 开源代表作《大教堂与集市》封面

第二代以 Hadoop 和 OpenStack 为代表，发端于 2005 年前后。这一时期互联网在经历寒冬后逐渐复苏。借助互联网普及的势头和大数据概念的兴起，开源的概念也影响到越来越多的人和企业，并逐渐形成生态。大量的企业开始从基础设施到上层应用全部采用开源软件构筑，以盒装软件介质分发和按服务器数甚至 CPU 核心数收许可授权费的模式逐渐变得不再适用于大多数软件用户。这不仅仅是因为收费的问题，更重要的是传统商业软件的迭代模式和以 GitHub 托管模式为代表的开源软件相比，后者对前者完全是降维打击式的颠覆。传统商业软件修复缺陷的周期是以月起步，往往一个简单的缺陷要拖上半年甚至一年才能修复，并且用户对于开发进度完全没有可控性。而开源软件则借助了它的所有用户的研发力量，如果有一个用户发现了缺陷，而他自己就有研发力量的话，他马上就能动手修复，可能就是几分钟的事情。即使用户自己没有研发力量，他也可以提交一个缺陷描述，而其他用户都可以看到缺陷所在，这些用户中只要有一个修复了这个缺陷，其他用户就都能享受到更新修复后的软件。当然，这一切能够实现的重要原因是 Linux 之父莱纳斯·托瓦尔兹（Linus Torvalds）为开源社区带来了 Git，使得源代码版本管理这件事的方方面面都得到了清晰而且彻底的解决，而建立在 Git 的设计思想之上的 GitHub 也迅速成为全世界最大的开源代码托管平台和集散地。在这一代中，开源已经站稳脚跟并以实力证明了自己。以开源软件为基础的云计算也是在这代中诞生的，并迅速成为事实上的软件基础设施。但在这一代中，云计算的发展还不够充分。Hadoop 和 OpenStack 等软件被许多企业用来搭建私有云基础设施，但是只有"拿来"，而缺少以企业尤其是大企业为主的反馈，这导致这一时期的开源软件的社区版本与企业实际的应用场景差距非常大，企业在采用开源软件后还是需要各自为政地做深度定制开发才能勉强使用。这也是为什么 Hadoop 甚至一度被称为"大玩具"。为企业提供 Hadoop 基础服务的龙头厂商 Cloudera 虽然一时风光无限，最终却增长乏力，后来更是陷入业绩下滑的危机。

　　时间来到 2018 年，开源悄悄地发生了又一次重大的升级。这次的升级没有特别明显的标志性事件，然而却席卷了整个开源世界。在这一代，软件好像还是那些软件，但是基础设施的进一步成熟又显然让人们的使用习惯发生了根本性的变化。是的，用户变得"更懒"了。尤其是刚刚进入互联网行业的工程师们，有些甚至完全没有见过裸服务器硬件，也没有在裸服务器上安装和配置过操作系统、数据库和中间件——它们仿佛天生"就在那里"。运行着这些软件的服务器，往往并不在工程师看得见摸得着的机房，而在远在天边的某个计算或数据中心，并且在多地有多个灾备副本。每一次请求都经过了复杂的路由优化，所以到底是哪个物理实体在处理请求，可能工程师根本就不知道，也没必要知道。如果一定要问在哪里，答案就是"在云上"。人们只知道自己需要什么服务，然后像在餐厅点菜一样从云服务商那里购买自己所需要的资源和时长，云服务就这样被提供出来了。

这样的云计算生态铸就了第三代开源，上面说的这种体验用一个词可以概括，那就叫"云原生"。这就是说，大量的开源软件从设计之初就是为云计算打造的，就是为在云计算的环境中安装、运行、配置、售卖的便利而开发的。经过了上一代的经验教训，大多数企业已经认识到，仅仅"拿来"源代码并不能直接满足企业的需求，只靠企业自己对开源软件的定制对于大多数企业的研发实力来说和从头开发相比区别不大，都是做不出来。而开源软件的开发商如果只考虑技术而不考虑企业实际的使用场景，自己的产品也注定选用者寥寥。

PingCAP 从创立第一天起，就是典型的第三代开源思路。云计算所依托的互联网天生就是分布式的环境，而分布式正是 PingCAP 最深处的基因。所以，PingCAP 开发的开源软件在云计算时代可谓如鱼得水。但是 PingCAP 没有止步于此，它的开源软件可不是只在实验环境里跑一跑的玩具，而是从第一个客户起就运行在负载极大、对性能要求极严苛的密集分布式计算环境中。以盖娅互娱为代表的游戏和广告行业客户就是一种典型的应用场景，他们的需求都是类似的，和具体业务的关联并不太大。这种情况和当年的 Codis 很像——不管什么业务最终都会遇到缓存不够的问题，解决了这个问题就能服务所有业务。NewSQL 分布式数据库能够解决 MySQL 这样的单机版数据库所无法很好解决的弹性水平扩展的问题，这是所有 MySQL 单机版用户在业务扩展时都会遇到的问题，是互联网时代一个通用的场景需求。简单来说，就是场景驱动了产品的研发。

"场景驱动"是 PingCAP 第三代开源的重要密码，也是它的增长飞轮中的关键一环，这部分内容我们在第四章还将详细描述，此处暂且不展开。云原生的 TiDB 等一系列开源产品满足了很多类企业的应用场景需求，不断地迭代进化，并接入了大量一线公有云平台。无数的客户看到了它们，大量带有场景化的需求便会纷至沓来。

借助第三代开源本身所具备的巨大力量，PingCAP 站上了时代的风口。

从 NoSQL 到 NewSQL

不管是做什么业务，都和做菜一个道理，手上只有一棵菜肯定做不出什么花样，但如果原材料很多，就可以按照口味去做组合，云原生带来的就是这样的机会。

从技术上来讲，数据库的发展就是从单机到云原生的进程。从商业角度看，整个数据库和基础软件行业的商业模式也正在发生特别大的变化：过去我们希望通过售卖许可证（License）进行私有化部署，而现在希望能够实现规模化的扩张，这也正是从私有化部署到 DBaaS（DataBase as a Service，数据库服务化）的变革。作为一家成功将数据库商业化的公司，NoSQL 的代表 MongoDB 走出了一条很有启发性的道路。MongoDB 每年的市值都在翻番，现在已经达到了 300 多亿美元。从 MongoDB 的财报可以看出，MongoDB 的 DBaaS 形态 Atlas（基于云端的数据库）基本上每年都保持着一定的年复合增长率，这就是云服务的价值所在。

云原生技术要解决的主要是成本问题。在过去，TiDB 有一个 TiDB+TiKV 的协处理引擎，计算和存储的边界是非常模糊的，很难处理不同负载率的场景。本地部署的情况下，如果需要增加存储容量，就需要增加存储节点，因为硬件的限制，除了磁盘，CPU 及网络带宽也会同步增加，这就造成了资源的浪费。而到了云上，一切就截然不同。比如 AWS（亚马逊 Web 服务）的块存储设备的服务 EBS（弹性块存储），特别是 GP3 系列，能够在不同的机器上运行，自身的性能和对云原生的整合都非常好。为了利用 GP3 的特性，PingCAP 研发团队尝试把计算和存储的边界往下移，现在 TiDB、

TiKV 都可以作为计算单元，更加灵活。

云带来的成本节约不止于此。云上真正值钱的东西是 CPU，其瓶颈是计算，而不是容量。在云上，集群和实例可以基于资源共享池进行优化、按需选择存储服务的类型，对不同类型的 EC2（弹性计算云）实例在特定场景组合交付、无服务器计算、弹性使用计算资源等都将成为可能。

除了成本，云的安全性也是重要课题。当前 TiDB 官方支持的公有云包括 AWS、GCP（谷歌云平台）和阿里云。云上网络用户使用的都是自己的 VPC（虚拟私有云），中间也会有 VPC Peering（VPC 对等操作）打通的环节，TiDB 研发人员看不到用户的数据，但用户可以快速敏捷地访问自己的业务，安全性要怎么保证？云上的安全体系和云下的思考完全不同，云上的环境复杂得多，需要考虑从网络到存储一整套健全的用户安全体系。做好云上安全的关键是千万不要自己重复发明，因为做出来的东西基本都有安全漏洞。PingCAP 现在的做法是充分利用云本身提供的一套完整的安全机制，比如密钥管理和规则等。当然，这样做还有一个好处，那就是这些服务都能够明码标价，只要做出计费模型就好了。

关于 DBaaS 的构建还有一点很重要，其实也和成本有关，就是运维自动化。云是一个规模化的生意，而现在国内数据库生意最麻烦的部分之一就是交付。一个大客户恨不得派 20 个人驻场，但是这件事情不是可持续的。PingCAP 要实现的就是可以通过 10 个人的交付团队去支持 1000 个客户的系统，这是规模化的前提。要把 TiDB 变成云服务总共分为几步？第一步就是将人工运维工作全部变成代码，包括 TiDB 的扩容和 TiDB 故障恢复的自动化。PingCAP 把所有 TiDB 的运维工作全部集成到 Kubernetes Operator 中，相当于实现了自动运维 TiDB。Kubernetes 能够屏蔽所有云厂商的接口复杂性，每个云厂商都会提供 Kubernetes 服务。每个 Kubernetes 集群再去划分不同租户的 TiDB 集群，形成一个多云、多区域的大系统。这个架构有一个好处：用户可以在自己应用程序所在的云服务商和地理区域按需启用 TiDB，保持技术栈的统一。

想要在云上提供服务，技术固然重要，但合规是前提。云上的生态整合有一个主线，就是跟着数据走，数据的上游、下游和管控是最重要的三个点。TiDB 的上游就是 MySQL、S3 里面的数据文件，下游只需要支持与 Kafka 或其他消息队列服务的同步即可。在数据的管控层面，尤其是对海外用户来说，在云上比起通过数据库厂商去做整体的管控，他们更希望和类似 DataDog、Confluent 这样的平台打通。

总体而言，数据库的本质一个是数据，一个是索引。TiDB 的核心思想是开放性，体现在存储和计算可插拔、可调度上。TiDB 在满足传统单机版数据库提供的数据抽象功能，以及支持事务和一致性等能力的基础上，也支持弹性水平扩展，这就是所谓 NewSQL 的理念。在黄东旭眼中理想的数据库是这样的：底层是各种各样的资源池、各种各样的云，如公有云、私有云、混合云；中间逻辑这一层是数据平台，用户不同的业务、不同的数据，对数据库有不同要求，数据库会根据用户的需要自动去重塑自己；在不同的颗粒度上，他们通过副本分布去做全球跨数据中心部署，引入多种形态的索引。未来，数据库作为一个独立的软件形态可能会被颠覆，但同时整个数据库的"数据服务平台化"将会崛起。

没有一个企业走向成功的道路是一帆风顺的，我们很难从教科书上找到"标准"的成功道路的走法。换句话说，我们必须要有去采摘悬崖边的那朵玫瑰的勇气，才有可能拿到通往成功道路的通行证。PingCAP 坚持开源的核心战略，核心产品 TiDB 坚持做开源 NewSQL 数据库，使得 PingCAP 成为开源和云数据库浪潮中奔跑出来的优秀代表之一。同时，云的空前繁荣给 PingCAP 的发展带来了极大的推力，它提升了 PingCAP 技术创新的效率。云是典型的技术驱动型的产品，这就能够让 PingCAP 实现更好的快速交付、完成迭代创新；而且，云的价值不仅体现在能够提供更低的成本和更好的敏捷性上，它也让 PingCAP 的全球化发展路径变得可行。可以说 PingCAP 乘云之势，实现了快速的成长。

第四节

七年，正当少年时

> 我觉得他们永远在做一个选择，那就是怎么把自己做成一家不平庸的公司，这是他们内部做选择的一个不变的出发点。这个是我非常敬仰的。比如说他们为什么要选 Rust 语言，为什么很早的时候就要直面全球化竞争，很早的时候就要跟 Cloudera 这样的巨头去对标，因为只有这样才能做成一家不平庸的公司。所以，这是他们一以贯之的信仰。
>
> ——熊飞，经纬创投合伙人

经纬创投［全称经纬创投（北京）投资管理顾问有限公司］合伙人熊飞，2021 最具慧眼的 20 名科技投资者之一，主攻 to B（面向企业）赛道。正是他，在 2015 年 4 月的某个周二，面对上周五才辞职、连 BP（Business Plan，商业计划）都不知道是啥的三个年轻人——想必大家也都猜了出来，他们正是刘奇、黄东旭和崔秋——从下午五点开始干聊了三小时，八点就签了投资协议。

这确实是机遇，并且已经经过投资人本人亲口证实并不是段子。

就这样，PingCAP 顺利拿到了天使轮启动基金。虽然第一轮投资来得最容易，但是当时投资人对开源并不了解，投资人甚至直接问刘奇："既然你们的产品这么好，为什么要开源？干脆闭源吧，闭源来卖。"

等到第二轮找投资时就很难了。因为那个时候产品刚刚上线，没有什么客户，也没做漏洞验证。这就像一条 50 米长的河，你已经游过了 40 米，看起来胜利在望，但是还没到岸，投资人总会有些疑虑和担心。最后是经纬创投、云启资本（全称上海云畔投资管理有限公司）、险峰长青（全称北京险峰长青投资咨询有限公司）三家投资公司一起凑了 500 万美元的融资。

险峰长青管理合伙人李黎认为，当时 PingCAP 在国内没有相仿的公司，而且三个创始人具有非常优秀的背景，对数据库技术的发展趋势做了准确的预判并在这个方向上发力，所以可以投资。

云启资本是主动找上门投资的。一个偶然的机会，云启资本董事总经理陈昱看到了 PingCAP 的项目商业计划书，觉得很不错，就通过前豌豆荚员工联系上刘奇。两人第一次见面，聊了不到 10 分钟，陈昱对他们的想法很感兴趣，认为这是一个值得去跟进的项目。

2017 年，PingCAP 迭代到了 TiDB 1.0 的稳定版本并投入市场，随即公司完成 1500 万美元的 B 轮融资。2018 年，公司又拿到了复星（全称复星创富投资管理股份有限公司）和晨兴资本（全称晨兴资本有限公司）领投的 C 轮 5000 万美元的融资。2020 年 11 月，PingCAP 获得了包括纪源资本（GGV Capital）、Access Technology Ventures、贝塔斯曼亚洲投资基金、经纬创投、云启资本等顶尖投资机构共同出资的 2.7 亿美元 D 轮融资，一举跃身成为国内以开源模式推动基础软件研发的代表性独角兽企业。

投资人想下注的是赛道：根据 IDC（国际数据公司）的统计，全球近 90% 的数据将在这几年内产生，预计到 2025 年，全球数据量将超过 2016 年的 16.1ZB（泽字节，为 2^{70} 字节）的 10 倍，达到 163ZB。数据市场的爆发，也给交付数据的存储和访问带来了前所未有的挑战，需要用新的数据库技术克服。而 PingCAP 的产品方向就是通过提供承载生产系统的分布式事务性数据库，适应这个时代对于数据库的新需求。

PingCAP 的 C 轮融资领投方复星新经济产业集团董事总经理丛永罡表示："TiDB 解决的是分布式计算中最后一个没有被解决的问题。"在公有云解决了计算分布式和存储分布式的难题后，如何实现数据库分布式一直是行业面临的难题。这涉及被"拆分"存储的数据如何与随时发生变化的业务逻辑做匹配的问题，并且要能适应弹性需求。"在做业务逻辑调整和数据迁移时，新业务和原有数据的匹配难度非常高，而且这种做法本身也不是那么适合做横向的扩张。"

基于分布式架构的事务性数据库被视为承载短时间内爆发的流量、弹性处理海量数据的最好解决方案。目前，国内可能只有 PingCAP 一家创业公司具有这样的能力。需求和供应之间出现了巨大的空白，作为先行者的 PingCAP 在这片空白里得到了飞速成长的机会。刘奇将 PingCAP 的"生逢其时"归结于中国这个特殊市场带来的红利："在国外，某一领域的头部公司出现后，一般不会有非常强势的竞争者出现。但强强相争的情况在我国快速发展的神话中是很常见的。激烈的竞争就意味着企业需要更快的增长速度，这种情况下，企业也必须赶快把基础设施的保障能力提升上来。"

第三章

商业密码

第一节

开源风暴席卷全球

开源公司和一批以开发人员为主导的软件公司，颠覆了传统的企业软件市场，其总体市值将很快超过 1 万亿美元。而 GitLab 和 Confluent 的上市更是使得这一天离我们越来越近。

——格伦·所罗门（Glenn Solomon），纪源资本管理合伙人

2020 年，一场悄无声息的风暴开始席卷全球。到了 2021 年，这场风暴开始走进公众的视野。白鲸开源（全称北京白鲸开源信息科技有限公司）、矩阵起源 [全称矩阵起源（深圳）信息科技有限公司]、ClickHouse、Yugabyte 等开源软件企业相继官宣获得新一轮融资。2021 年 6 月，云计算企业 Confluent 上市，市值突破百亿美元，达到 114 亿美元。10 月中旬，全球知名开源代码托管和 DevOps 平台 GitLab 在美国纳斯达克挂牌，首日市值为 149 亿美元。此后，开源软件公司 HashiCorp 也宣布在纳斯达克上市，市值又创新高，达到 153 亿美元。而稍早上市的 MongoDB、Elastic 等开源软件企业，市值也都纷纷突破百亿美元。

还未上市者，也出现了一波融资热：

• 开源产品分析工具 PostHog 融资 1500 万美元；

• Databricks 获得 16 亿美元 H 轮融资；

• 开源工具 CloudQuery 获得 350 万美元种子轮融资；

• ArangoDB 获得 2780 万美元 B 轮融资；

• StreamNative 获 2300 万美元 A 轮融资；

• SphereEx 在 2022 年 1 月完成近千万美元的 Pre-A 轮融资。

国内开源的发展更是迎来一系列政策利好，国家"十四五"规划首次将软

件开源列入其中。2021年11月底，工业和信息化部发布《"十四五"信息化和工业化深度融合发展规划》，指出开源开辟了产业竞争新赛道，基于全球开发者众研众用众创的开源生态正加速形成。开源生态明确了生态培育目标：培育一批具有生态主导力和核心竞争力的骨干企业，建设2~3个有国际影响力的开源社区，培育超过10个优质开源项目。开源也被列入《中华人民共和国国民经济和社会发展第十四个五年规划和2035年远景目标纲要》，其中指出"支持数字技术开源社区等创新联合体发展，完善开源知识产权和法律体系，鼓励企业开放软件源代码、硬件设计和应用服务"。

中国人民银行等五部门也在2021年10月20日联合发布《关于规范金融业开源技术应用与发展的意见》，鼓励金融机构将开源技术应用纳入自身的信息化发展规划。

仿佛在一夜之间，"开源"成了最炙手可热的商业密码。但在此之前的大约10年里，"开源"和"商业化"之间似乎总是存在一些悖论。甚至直至现在还有不少人认为，"开源"就意味着免费——连软件的源代码都公开了，还怎么收费呢？其实不然，正如版权内容一样，公开源代码并不等于放弃所有权利，开源是基于很多种授权许可的。开源和商业化其实完全是两个维度的事情，好比做菜的菜谱可以公开，任何人都可以免费按此菜谱自己做菜，但是如果去饭店吃饭的话，要点按这个菜谱做出来的菜，还是一样得付费，二者是一个道理。

这也是为什么经纬创投合伙人熊飞对开源这种"先尝后买"的商业模式称赞有加，他更进一步采用"自来水"和"瓶装水"来打比方，说明开源和商业化的关系："开源软件社区版就是自来水，商业版就是瓶装水。社区版是免费用，很方便，成本几乎为零，大家拿过来就用，只不过自己要折腾一下；商业版就像瓶装水，开盖即用，增加了很多功能，让你用起来很方便。所以不同的人，对应不同的场景，选择也不同。这就是为什么开源的商业化是一个必然趋势。"

熊飞这段话中的"社区版"和"商业版"，说明了人们将开源软件商业化时的一种模式选择。基本上，开源软件的商业模式可以分为以下几种。

最传统的商业模式就是**软件开源，靠技术支持和服务收费**，这种模式也被称为 Red Hat 模式。原因就在于，只有 Red Hat 等少数公司靠这种模式获得了商业收入。这也是由于当时网络很不发达，连操作系统这样的底层软件都还极不成熟的客观条件导致的。Red Hat 在这样的条件下，靠为一个 Linux 发行版提供技术支持和服务，成为第一家年收入突破 10 亿美元的开源软件公司，获得了多轮融资，并在 2018 年以 340 亿美元的天价出售给了 IBM——这其实是为近几年的收购热潮埋下了重要伏笔的大事件。但是，如今这样的天时地利已经一去不复返。Red Hat 的神话不仅在于它把握住了历史机遇，同时也在于它不断地与时俱进，在 IBM 收购 Red Hat 的时候，它的商业模式早已脱胎换骨。

另一种以 MySQL 为代表的商业模式叫作 **Dual-License（双授权）版本**。这种商业模式的采用者把同一套源代码以两种方式授权给商业用户和非商业用户。通常，这种模式适用于那些对非商业授权使用了规定比较严格的许可证，如 GPL（GNU 通用公共许可证）。这么一来，非商业授权用户如果要在这样的授权方式下开发自己的应用软件，就必须也要用同样的授权方式开源这些应用软件，而这很可能不适用于很多商业软件开发商，所以他们就会付费使用商业授权。

以上两种商业模式都是比较传统的。目前比较流行的新商业模式主要有以下几种。

订阅服务：开源许可证免除了厂商对软件质量与软件缺陷修复的责任，但这些恰恰是商业应用软件所必需的。因此，在商业模式中提供软件订阅服务，就可以向客户提供生产级服务支持响应和 Hotfix（微软研发的一种修补程序）修复。需要注意的是，这和上面提到的零售式支持和服务是完全不同的商业模式。订阅服务实际上是一种软件保障，是按时长或服务包的方式销售的，可以为开源企业带来可预测的收入。

Open Core：开放核心，即将核心部分的组件开源，但将工具类软件和进阶功能闭源收费。通常会有两个因素促使商业用户选择此类开源产品：工具和进阶功能对自己有价值；这些功能不太可能由社区提供，也不在开放核心的未来路线图中。但是开放核心商业模式若要持续成功，最重要的是不要让社区感到因为要商业化，所以开放核心就有所保留。要绝对保证商业产品与开放核心是互补的，而不是冲突的。对于大多数成功的开放核心公司来说，其客户仅占总体用户的一小部分。确保开放核心这部分的成功，才是商业产品取得成功的关键。

托管服务：托管服务就是与云厂商合作，将开源产品以托管方式向终端用户销售，终端用户能够以类似 SaaS 产品的方式使用基础设施组件，而无须自行管理基础设施。这种模式有一些潜在的问题，就是有时云厂商会不守"规矩"，利用自身的技术能力，直接将开源产品"拿来"，做成自己的托管产品销售，并不与开源产品的开发商进行销售分成，也不反哺开源社区。不过，近年来这种情况有一些改观，因为一方面云厂商发现自己做开源产品改造的成本相当之高，有时还会受到许可证的限制［很多许可证近年来在改版时都加了一个称为"Common Clause"（共用条款）的附款，主要就是为了禁止在不增加开源软件价值的情况下，利用开源软件牟利的行为］；另一方面，也有不少开源产品的开发商会把开放核心与托管服务这两种模式做结合，也就是说把开放核心产品的闭源部分拿出来与云厂商合作，在托管产品销售时提供进阶功能。

但无论采用哪一种商业模式，做开源产品的企业要想做好商业化，都不能忘记了"开源"这个关键词，否则就会走上传统软件开发商的老路。而开源本身在商业化上其实有着一些传统软件开发商不可能具备的巨大优势，这些优势只有真正做开源者才能享受到。

首先，开发者在公司中处于主导地位，**他们热爱开源**，可以决定使用哪些平台进行编码和开发运维，而他们大多选择使用开源。开发人员之所以喜欢开源工具，是因为开源工具在本质上具有灵活性、创造性和协作性，能够让团队成员在世界各地协同工作并为社区项目做出贡献。

其次，随着世界各地的开发者不断对开源产品进行标准化改进，这些开源产品会迅速在更多开发者之间传播，而他们对这些开源产品的信任感也在不断增强。这使得开源产品企业版成为越来越多公司的标准选项，这就**创造了永续的、不可阻挡的客户增长**，而且客户数量会如雪球般越滚越大。

商业客户采用开源软件付费版通常是因为其开发人员已经在相当长一段时

间里成功使用了该产品的开放核心。这意味着一旦客户开始为开源产品付费，他们很可能会坚持继续付费下去，这使得**开源产品往往拥有超高的留存率**。换句话说，一旦开源公司获得了客户，这些客户就会留下来，随着客户的不断发展并且更充分地使用产品，这些客户会以越来越大的金额续订合同。

更重要的是，开源的本质是开放合作。客户方的开发人员会将他们的专业知识免费回馈给作为商业开源产品底层框架的开放核心项目。对于开源公司来说，这种回馈令所有当前和未来的客户受益，因为这使得开源公司的产品变得更强大，更能符合开发人员的需求。同时，前文也提到过，开源使得人才招募的难度大大降低了。

开源的精神源自自由软件，但是**开源的根本目的不是让所有人免费使用软件**。"自由"和"免费"在英文中都是"free"，但在开源语境中"free"显然是指前者而非后者。开源软件的发展孕育了大量商业机遇，基于开源项目的创新商业模式层出不穷。

近日，赛迪顾问（全称赛迪顾问股份有限公司）正式发布《2021 中国分布式数据库最具成长价值企业研究报告》，该报告从技术创新力和市场影响力两个维度对国内分布式数据库创新企业进行评估，形成了分布式数据库企业竞争力四象限图（见图 3.1），PingCAP（中文名：平凯星辰）在技术创新力的维度排名第一。

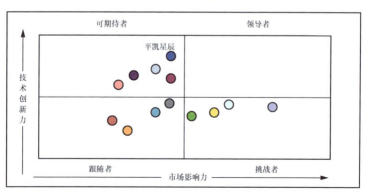

图 3.1　分布式数据库企业竞争力四象限图

在此份研究报告中，赛迪顾问针对分布式数据库的技术发展趋势，调研了 10 多家分布式数据库企业，通过收集的问卷整理了上千条信息和数据，并结合新型创新企业的经济效益、社会影响力和技术创新力等三大维度，建立了分布式数据库创新指标评价体系，旨在挖掘一批国内最具成长价值的分布式数据库企业，并针对企业、用户及投资机构的需求提出建议。

报告指出，PingCAP 将开源作为长期核心战略，坚信开源是当今基础软件领域取得世界范围内成功的最佳路径。其高度活跃的开源社区为 TiDB 产品的研发能力、工程质量、迭代速度等方面提供了最核心、最具有竞争力的护城河。在本次评估中，PingCAP 凭借技术创新力排名第一进入了中国分布式数据库企业第一梯队。

如果说开源让软件产品保持技术领先，那云的发展就提高了开源软件的成熟度，加速了开源软件的商业化进程。云对基础设施和软件的影响与改变是深远的，云服务的流行降低了用户付费的门槛，重塑了软件销售的商业模式。标准化的交付让数据库规模化的部署成为可能，给了商业化公司更多的发挥空间。

新一代云基础设施包括云原生、多云、跨云等多个技术方向，云基础设施提供了一个"部署、组合、运维、服务"四位一体的环境，可以让企业用户得到一个将开源创新技术组合使用、部署的运行底座。而云基础设施又与开源技术体系形成了互补，使得云基础设施可以很好地促成业务实现云交付。在真实场景中，企业用户往往需要将几十，甚至几百种技术组合在一起使用。如果把开源技术体系里面的开源项目当作乐高组件的话，云基础设施就是拼出那个复杂业务模型的底座。最近涌现的 Databricks、MongoDB 等开源数据技术厂商都通过将开源技术做成云服务加速了商业化，满足了数字化时代暴增的数据处理需求。

在全球市场，"一切服务上云"已经成为不可阻挡的趋势。而全面拥抱全球市场的 PingCAP，为了把 TiDB 的价值交付到全球每一位开发者手中，让用户能够在任何地方运行任意规模的 TiDB 集群，在 2021 年 5 月发布了全托管的 DBaaS（数据库即服务）产品 TiDB Cloud 预览版，依托公有云提供开箱即用的 TiDB 服务。TiDB Cloud 屏蔽了 TiDB 数据库部署、运维和性能调优的复杂性，用户只要在界面上单击几下就可以快速创建和管理 TiDB 实例，从而使用户可以专注于自身业务应用程序的开发，降低总体运维成本。

2021 年 12 月，TiDB Cloud 正式登录亚马逊云科技 Marketplace，亚马逊云科技的全球用户将都能通过亚马逊云科技 Marketplace 搜索、发现和订阅 TiDB Cloud 服务。亚马逊云科技 Marketplace 是一个经过了精挑细选的数字化产品目录，目前陈列了逾 12000 款由独立软件供应商提供的软件。客户通过它可以轻松地查找、测试、购买、部署、管理和构建解决方案及运营其业务所需的第三方软件、数据和服务。特别是大型企业，可以通过亚马逊云科技 Marketplace 将 TiDB Cloud 和其他亚马逊云科技的云服务统一部署与管理，无须预付款或签约，根据使用量按需支付即可。这在帮助客户降低系统的复杂度的同时，也实现了成本节约，带来更便捷的云端体验。

与此同时，为了尽快让更多用户体验到 TiDB 的一栈式实时 HTAP（混合事务和分析处理）能力，PingCAP 加入了亚马逊云科技的 ISV（独立软件开发商）加速计划，与亚马逊云科技联合为用户提供服务。PingCAP 的原厂工程师具有丰富的 TiDB 运维和调优经验，可提供专家级的服务支持，为用户线上业务保驾护航；而亚马逊云科技的专业服务和成熟体系将帮助 TiDB Cloud 触达更多有 DBaaS 需求的企业用户，助力用户成功。

在 PingCAP 看来，近几年的风暴还远远不是一个时代的高潮，而仅仅是一个开始。

投资机构代表熊飞谈"开源为什么先进"

有时候"慢就是快"。很多做开源的人想快点实现商业化，甚至会去 GitHub 上刷星。这种行为看上去效果不错，也许可以快速融到一点钱，但是后面会怎么样？肯定是没有前途。而专注做社区，专注服务开发者，用一流的产品打动大家，虽然可能慢一些，但"慢就是快"。做开源如果社区真的做得好，并能形成不错的文化氛围，商业化成本会非常低。

PingCAP 在典型商业型软件公司的早期阶段，它的烧钱速度大概是这些公司的 1/3 ~ 1/2，顶多接近 1/2。为什么呢？第一，几乎不需要专门的销售人员。第二，也不需要大张旗鼓地做市场营销。这些方面几乎是零成本。如果是纯商业软件，你可能需要在五星级酒店举办营销活动。比如当年的众多软件公司，销售代表天天在本地蹲守，天天在五星级酒店盯着，才能把软件卖出去。第三，也不用招大量的 QA（Quality Assurance，质量保证）专员，因为别人都在帮你进行质量保证。很多测试工程师在自己的生产环境中做了大量和数据库相关的测试，甚至连客服工作通过社区讨论就都化解了大半。所以，如果开源搞得好，企业的员工人数能精简接近一半，如果未来可以规模化运作会少得更多。例如，像 MongoDB 这样的公司，做到了将近 300 亿美元的市值，而他们的员工人数只有几千人（该数字为估算）。但是如果回到十几年前，一个商业软件公司真要做到几百亿美元市值的话，员工至少要一万人。

现在有很多人关注、认可 PingCAP，而且很多企业的采购人员直接找上门来说想买 TiDB 的商业产品，并追问有没有商业版。直到 2019 年底，PingCAP 已经签成几千万元销售额的合同的时候，公司也才只有寥寥几个销售人员，令人根本不敢想象。PingCAP 坚持开源路线，并非只有理想，没有面包。这个面包怎么来，就是要感受一线的需求并追求完美的服务。很多用户希望 PingCAP 能长久地存活下去，希望把 TiDB 打磨得更好。

开源的先进性体现在以下几个方面。

第一就是产品的先进性，因为产品迭代快。一个商业软件，如果工作人员慢条斯理地收集需求加研发，最后只能两三年发布一次新版本；新版本续费还要销售人员去跟客户谈，销售人员搞定客户之后还要派工程师部署上线，可能一年半的时间就过去了。开源是怎么做的呢？可能今天白天提了个 PR（Pull Request，拉取请求）或 issue（问题），晚上就解决了。最慢也是十天半个月就发一个新的小版本，迭代速度是商业软件的几十倍。除了迭代速度快，需求的优先级评定也一样迅速。很多时候大家坐在办公室里面做商业产品，通过开会判定这个需求好，那个需求不好。但是一旦有社区，你就能很清楚地知道什么优先级高，什么优先级低。这么一来，开源厂商的产品发布、用户的续费也会更高效，更不用说各种深度使用的反馈速度。所以开源产品的整体迭代速度能达到商业产品的几十倍。

可能很多开源产品在早期确实很简陋，很多人都看不上。但是它成长得很快，因为它的迭代效率很高，哪些功能优先级高开发人员也掌握得很清楚，所以开源产品永远都先实现高优先级的功能，而且每一个功能也都很具体，都很紧扣需求，很快就把其他商业产品超越了。

第二是做商业的先进性。 先尝后买永远是最好的营销模式。前面提到，过去产品的营销成本很高，客户还不一定用。在美国，商业软件的营销费用率大概在 40%~50%，甚至 60% 也不少见。而开源软件平均的营销费用率仅在 30% 左右，比商业软件要低一半左右。这是因为开源产品都是从社区获客，不仅费用少，而且还不会找错买家。客户都是先用了产品，觉得不错才主动找你的。

第三是组织方面的先进性。 首先，公司的招聘更容易了。因为产品是开源的，技术人员的代码编写水平、解决项目中实际问题的能力可以看得清清楚楚。其次，社会意义优先。社会价值先于商业价值，这让在开源项目里面的程序员感受很棒："一方面，我现在打一份工从事一种职业，是在创造商业的价值。另一方面，我也是个开源产品的贡献者，全球可能十几万、几十万家机构都在用这个产品去产生社会价值。"

第二节
数据库技术和大数据服务的融合：新一代数据库成为基础软件皇冠上的明珠

数据库的概念最早可以追溯到 20 世纪 60 年代，和当代电子计算机属于同一时代的产物。从问世那一天起，数据库就承担着向上支撑应用软件、向下调动系统资源的功能，在 IT（信息技术）架构中处于核心位置。

数据库是一种极其复杂的技术集合体，由于它无处不在，也就隐含着必须满足人类社会需求的一切应用场景，从日常的移动支付到航天军事的严苛需求都离不开数据库。而我们如何保证操作数据库时，数据的准确性、一致性，而不是部分成功、部分失败呢？为了防止意外，就用到了数据库的事务。所谓数据库事务，就是指一组针对数据库进行的、作为一个整体执行的读写操作。事务要么完成，使得数据成功写入，数据库处于新的一致状态；要么失败，使得数据库处于事务开始之前旧的一致状态；绝对不可以出现部分执行而导致数据库中的数据处于非一致状态。无论是硬件故障、网络崩溃还是其他任何情形，违反事务的原则都是不可接受的，典型的例子就是从银行取款，或者成功取款并扣除账户金额，或者取款失败保持账户金额不变。这个原则被总结为四个特性（也是事务的四个特性）：原子性（Atomicity）、一致性（Consistency）、隔离性（Isolation）和持久性（Durability），简称 ACID。对于任何数据库管理系统来说，满足事务的这四个特性都是最核心的要求，而任何违反事务原则的做法都会被视为数据库领域级别最高的事故。不难想象，为了实现数据库的事务特性，底层要做多少复杂的工作才能为上层应用隐藏掉所有细节。

在单用户、单数据库环境下执行事务比较简单，但在分布式环境下，维护多个数据库的完整性就比较复杂。以前，大多数联机事务系统是在大型计算机上实现的，这是由于它的操作复杂，需要快速的输入/输出和完善的管理。如果一个事务在多个机器上进行修改，那就需要管理机制来防止数据重写并提供同步；另外还需要机器具有返回失效事务的功能，以及可以提供安全保障和具有数据恢复能力。分布式引入了网络的复杂性，又要保证数据库的事务特性，这里面的技术挑战无疑更高。尤其在互联网爆发式发展的20多年，各种创新应用的出现导致海量数据在线处理的需求暴增。需要处理的数据类型的多元化，不断地推动分布式数据库进行技术迭代。分布式数据库的发展贯穿着互联网业务应用模式的不断创新，也反过来推动了业务应用模式的不断创新。如果没有分布式数据库的持续迭代，今天互联网场景的丰富度，或许还停留在信息化时代的水平，数字化就只能是纸上谈兵。

"海量"二字，意味着规模的爆炸式增长。不难理解，针对数据库的所有操作都可以分为"存储"和"计算分析"这两部分。存储的这部分，虽然也涉及一定的底层计算工作，但核心还是保证数据库的事务特性。而事实上，人们使用数据库，除了对数据进行存储这样的简单操作之外，还有一个非常重要的方面，那就是计算分析。计算分析可以理解为对原始数据进行加工，并基于数据做出判断的一切活动。这当然也是非常合理的核心需求，毕竟人们之所以要把海量的数据存储起来，不可能只是为了简单地读取，肯定是要从这些原始数据中"提炼"出和业务有关的更高级信息。在一定程度上可以说，计算分析才是人们使用数据库技术的高价值区间。

在数据库中，有两个词肯定绕不开：OLTP（Online Transaction Processing，联机事务处理）与OLAP（Online Analytical Processing，在线分析处理）。从字面上来看OLTP是做事务处理，OLAP是做分析处理；从对数据库的操作来看，OLTP主要是对数据的增删改，OLAP是对数据的查询。

OLTP主要用来记录某类业务事件的发生，如购买行为，当行为发生后，系统会记录是谁在何时何地做了何事，这样的一行（或多行）数据会以增删改的方式在数据库中进行更新处理操作，要求实时性高、稳定性强，并确保数据及时更新成功，像公司常见的业务系统如ERP（企业资源计划）、CRM（客户关系管理）、OA（办公自动化）等都属于OLTP范畴。

当数据积累到一定的程度，需要对过去发生的事情做一个总结分析时，就需要把过去一段时间内产生的数据拿出来进行统计分析，从中获取想要的信息，为业务决策提供支持，这时候就是在做 OLAP 了。

OLAP 不仅是对 OLTP 的一个补充，事实上它在数据库技术的演进方面提出了全新的设计需求。换言之，数据库的底层设计和实现都必须做彻底的改造，才能够满足 OLAP 的需求，只在原有模型上做修修补补是不行的，这是数据库发展史上的重要经验教训。采用旧有的模型，根本无法满足 OLAP 在时间上的要求，因为数据库在完成了满足事务特性的存储后，往往要经过数小时甚至数天以后才能完成相关的计算分析工作。显然，对于大量的互联网创新业务，如大促、秒杀等活动，这是完全不可接受的，即使看上去传统的业务，也会大大地限制数据库的应用场景。从逻辑上推导来看，对 OLAP 的时间需求一定会逐步过渡到满足实时性要求，即数据的存储和计算分析之间没有时间差，事务完成后就要立刻计算出在新的一致性状态下的分析结果，Gartner 公司为此提出了一个专有名词：HTAP（Hybrid Transactional and Analytical Processing，混合事务和分析处理）。对其最简单的理解就是 HTAP = OLTP + OLAP。

从传统的单机版事务数据库，到支持海量实时数据分析的数据库，数据库技术经历了数代的演进。更重要的是，数据库技术逐渐和大数据技术互相融合。

20 世纪 80 年代，也就是提出关系数据库模型后的 10 年，关系数据库逐步完成了工程与产品实现，像 Oracle、DB2、Sybase、SQL Server 等第一批数据库产品开始出现，它们都是商业数据库。到了 90 年代中后期，MySQL 和 PostgreSQL 这类开源数据库开始萌芽。20 世纪末到 21 世纪初，IT 与通信技术这两种技术发生了第一次碰撞，开启了互联网时代，数据量开始爆发式增长。快速发展的各类互联网公司更加青睐 MySQL 和 PostgreSQL 这类开源数据库，同时也给这类开源数据库带来丰富的产品生态，比如基于开源数据库的各种分库分表方案的产生。同一时期，2006 年，谷歌的"三驾马车"——GFS、BigTable 和 MapReduce 开启了大数据时代，涌现出了像 Hadoop 和 Redis 等以 NoSQL 技术为代表的大数据生态。

2010 年前后，IT 与通信技术发生了第二次碰撞，4G 网络开启了移动互联网时代。在这个时代产生了很多业务与场景创新，底层数据技术更是进入了前所未有的快速通道，数据技术栈的发展方向可谓百花齐放。首先，集成了分布式技术与关系模型的 NewSQL 数据库开始涌现，代表产品有 Spanner、TiDB、CockroachDB 等。其次，云计算与大数据发生了很多融合，云原生数据库出现。云计算不仅给数据技术带来了新的变革，也给数据厂商带来了更高效的服务，从而不断涌现出丰富多样的交付商业模式和各种 DBaaS 的产品。

以前，人们时常听到的一个词叫作"信息化"，信息化就是把以传统方式（如印刷品、磁带、纸质账本等）记录的信息，转化成电子信息形式的过程。如今，人们已经非常习惯以电子信息的形式表示几乎一切生活和工作中要打交道的事物，也就是说，信息化已经推进到了一个比较深入的阶段。在信息化的过程中，数据库的主要角色就是存储转化来的各种信息，比如企业的员工信息、财务信息和交易记录等。

现在，一个更重要的时代趋势是数字化，它远远超越了信息化。信息化仅仅改变了信息的存储方式，而并没改变人们的思想和行为模式。而数字化就不同了，企业在完成数字化转型以后，就会脱胎换骨，以完全不同的模式运营。这时，数据不再仅仅是一种记录，而渗入了企业日常运行和决策的方方面面。如果说信息化时代的数据还是"死"的，那么，数字化时代的数据则彻底地"活"了过来。一方面，数据的收集不再是狭隘的、短暂的、死板的，而是全面的、连续的、灵活的；另一方面，数据的处理不再是滞后的、机械的、人为的，而是实时的、智能的、自动的。目前，各行各业都逐步从信息化向数字化过渡。从技术创新角度看，数字化会催生越来越多的数据技术栈，但使用多种技术栈也大大增加了使用成本。从用户需求的角度看，降低技术栈的使用成本就是将在线处理业务与分析业务进行融合，也就是说，将 HTAP 作为一种统一的数据服务已经成为数字化时代的一个强需求。

从数据库发展的历程来看，驱动数据技术发展与创新的内因是什么呢？由于数据最终服务于上层应用，所以数据技术发展与创新的驱动力总结起来主要有三个：第一，业务发展；第二，场景创新；第三是基础设施的发展。业务发展需求主要体现在数据容量的持续爆发式增长，数据容量不仅包含数据存储量，而且包括数据的吞吐量。场景创新主要体现在对数据的交互效率与数据模型的多样性上，比如查询语言计算模型、读写延迟要求等。基础设施的发展则主要体现在云基础设施的兴起上。

从数据容量的角度来看，数据库系统总是被动地去适配业务数据量的增长。在早期业务数据量基本在几百 GB（吉字节，为 2^{30} 字节）的时代，单节点本地磁盘是最高效的数据架构，单机版关系数据库是主流。随着数据量的增加，人们可以通过加入更多的 CPU、更大的内存、更快速的硬盘等升级硬件的方式来应对，也就是大家经常说的纵向扩展，包括引入了像网络存储 Shared Everything 这样的代表性架构。但当数据量的增加速度远远超过了硬件的升级速度，要达到水平扩展的效率就只能采用分布式的 Shared Nothing 架构，所以在这个时期"分布式"逐渐成了海量技术的代名词。

其实在互联网普及之前，分布式数据库就已经出现。原因也很简单：单台计算设备的算力和可靠性都太低了，伴随着计算机网络概念的出现，利用网络和集群完成大规模的计算和存储任务的分布式数据库也就应运而生。

如果从数据模型与交互效率的演进这个维度来看，除了对水平扩展的需求，数据存储结构的需求也是需要解决的问题。早期的单机数据库查询使用标准 SQL 支持事务，绝大部分采取了结构化的方式进行存储。而伴随着移动互联网的兴起，在很多场景下结构化的存储方式慢慢显得力不从心，诸如时序数据、地理信息等非结构化数据的需求变得强烈，于是才逐步衍生出了 NoSQL 数据库。随着 NoSQL 数据库的快速发展，又一个新的问题摆在人们面前，那就是大部分 NoSQL 数据库无法支持事务，而事务对于 OLTP 场景，即在线业务场景，尤其是在线交易而言是不可或缺的，这也是为什么关系数据库依然是当前需求的主流。于是，既要求支持事务，又兼容多种数据模型的可扩展数据库自然就被提了出来。这就是 NewSQL 出现的内因。

NewSQL 新在哪里？

NewSQL 技术基于人们思维上的一个飞跃，也就是前面数次提到过但没有专门强调的"计算与存储分离"，即 UNIX 方法论中的解耦。通俗地说，它是先解析 SQL 查询语句，明确接下来要做什么，这是计算；然后再根据要做的事情，将其交由位于下方的持久层来具体完成，这是存储。表面上看这好像只是把本来就在做的两件事情分开了而已，但其实这是个质变。从此以后，计算引擎和存储引擎各自做了很多原先混在一起时完全无法进行的改进，数据库由此完全实现了既保留了强大的 SQL 交互能力，又实现了弹性水平扩展和分布式事务的强一致性。

NewSQL 彻底从理论上告别了分库分表，因为它从上到下都是完全分布式的。从外部来看，Shared Nothing 给人的感觉就好比一个"巨型单机版数据库"，容量可以真正无限地弹性水平扩展，能提供与单机版数据库同等级别的事务保证。TiDB 做的一些妥协是，它的计算层并不是直接采用现成的 MySQL 或 PostgreSQL 引擎，而是以分布式的方式重写了这些引擎，这使得 TiDB 并不能百分之百地与它们兼容，行为上总会有一些差异。但是，和带来的好处相比，这些妥协相对来说并没有那么让人难以接受。

一般地，Shared Nothing 的数据库存储会采用 Paxos 或 Raft 分布式一致性算法来调度分布式集群中的所有服务器节点。简单地说，众多服务器节点会"选举"出一个节点作为"领袖"，由它来承接计算负载，它算完以后把结果同步给所有的"群众"节点。这个算法的关键在于：只要有一个节点是领袖，它就拥有最新版的数据。

OLAP 需要一种不同于 OLTP 的底层数据表结构，叫作列存，相当于原先的数据表结构的转置，这样才能支持实时数据分析。前文提到过，TiDB 的存储层叫作 TiKV，而它的列存引擎叫作 TiFlash。PingCAP 的研发人员基于对 Raft 算法的深刻理解，做出了一个釜底抽薪式的创新，就是采用 Raft 算法把 TiKV 中的"领袖"同时做了一份 TiFlash 副本，但列存副本不参与"选举"。通过这种方式，OLTP 和 OLAP 的数据几乎同时被准备好了。TiDB 通过对计算层的查询特性进行解析，把 OLTP 的请求路由到 TiKV，而把 OLAP 的请求路由到 TiFlash，以这样的方式实现 HTAP，让 OLTP 和 OLAP 解耦，互不干预，并可以各自无限水平扩展。TiDB 的架构图如图 3.2 所示，这是一个计算和存储分离并可以独立水平扩展的完整技术栈。

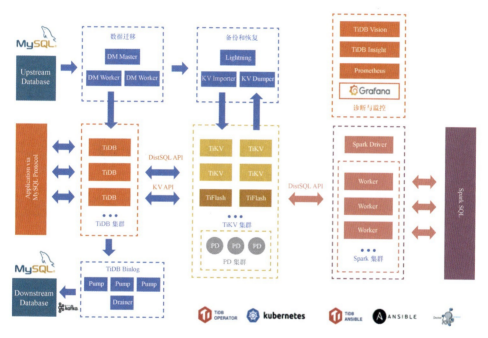

图 3.2　TiDB 架构图

场景创新催生了数据技术栈与产品的多样性，但这种多样性导致了数据副本的无序扩大，比如一个电商平台中一份商品订单的数据，在整个电商平台的业务里边存在着几十份副本。而这些数据副本背后是巨大的技术栈成本、业务迭代成本、人力成本、运营和运维成本等。有效地减少副本是一个很重要的需求。一方面，从交互效率看需要越来越多的细分和垂直的技术栈与产品；另一方面，从设计和使用的角度看，又需要足够的数据易用性、可维护性、统一性。这两个真实的需求形成了巨大的矛盾和痛点。如何解决这样的业务痛点是未来数据库技术一个很重要的课题。因此，数据库技术的细分与大数据服务的融合是一个长期的趋势，它们的融合发展可谓基础软件皇冠上的明珠。

下面来看一些在业务中使用数据库和大数据服务的具体企业案例。

案例研究：爱奇艺——真正的实时交易数据分析

爱奇艺与 PingCAP 很早就结缘了，2017 年中，爱奇艺就开始对 TiDB 进行调研和测试，并陆续在测试环境和内部系统上线了 TiDB 集群。在随后的几年中，TiDB 每一个新版本的发布都带来了不同的惊喜，爱奇艺也紧跟着 TiDB 社区的步伐及时地对新版本进行测试，同时对线上的集群进行同步升级。历经五年多的时间，爱奇艺内部 TiDB 集群的规模已经超过 500 台服务器，总计有 100 多个 TiDB 集群服务、30 多条业务线。

爱奇艺使用 TiDB 的核心诉求，是**支撑交易数据的实时分析**。核心的应用场景一是风控，防范支付中的各种风险行为；二是商业智能，即在某些 IP 内容投放的短时间内分析效果。显然，这两种需求都必须实时满足，事后再做是没有用的。

谈到实时分析不得不提到当前比较经典的两个架构，一个是 Lambda 架构，另一个是 Kappa 架构。

Lambda 架构的主要思路就是在离线数据仓库（简称离线数仓）的基础上加上实时数据仓库（简称实时数仓）。离线数仓作为批处理层，而实时数仓作为速度层。实时数仓里面的数据存储在 Kafka 里面，通过像 Flink、SparkStreaming 这样的计算引擎对数据进行计算，把离线批处理层和实时数据进行汇总，再将数据存到 MySQL、Redis 应用层数据库中，供查询和展示。

Kappa 架构其实是在 Lambda 架构的基础上去掉了离线数仓的部分，只保留了实时数仓，通过调整 Kafka 中数据的保留期将历史数据进行留存。如果要对离线数据进行重新处理，那就要重置 Kafka 日志消费的偏移量，然后再对数据进行重新计算，最终计算的结果也是存储到 MySQL 或者是 Redis 这些应用层数据库中,供查询和展示。

虽然这两个架构很经典,但它们还是存在不同的痛点:Lambda 架构相对来说比较复杂,需要去维护流、批两套系统,对运维和开发人员来说难度相对比较大,离线数据和实时数据也很难保持一致;而 Kappa 架构对消息中间件是强依赖的,这就注定其性能是有瓶颈的,另外,在这个架构下还存在丢数据的风险。

爱奇艺先是部署了一个 TiKV 集群,但发现上面运行的 OLAP 类的查询会影响到 OLTP 的查询;后来又部署了一个三节点的 TiFlash 集群。业务 SQL 方面,爱奇艺通过加提示(hint)的方式,把查询 SQL 推到 TiFlash 集群上。通过这样改造升级,OLAP 类的查询和 OLTP 的查询互相没有干扰,同时 OLAP 查询的性能也有一定的提升。这样,就比较好地平衡和缓解了以上两个架构的痛点。

2021 年 4 月,TiDB 发布了 5.0 版本,相较于 4.0 版本,5.0 版本新增了 TiFlash MPP(大规模并行处理)、异步事务提交、聚簇索引等一系列新特性。经过和 PingCAP 的沟通交流,爱奇艺启动了对 TiDB 5.0 的 POC(Proof of Concept,概念验证,一种针对客户具体应用的验证性测试)测试。

在 TiDB 4.0 的使用过程中存在一些痛点,同时 TiFlash 的效率不是很高。为了解决业务的痛点,爱奇艺制定了相应的测试目标。第一是要满足业务 HTAP 的查询需求,并且在不影响实时业务的场景下,实现 BI(商业智能)从原先的 TokuDB 中抽数改为从 TiDB 中抽数。第二,评估 TiDB 5.0 的性能,在不增加机器的情况下,提升写入的性能。DBA(数据库管理员)陆续进行了基准测试、新特性测试以及业务 SQL 的测试。在基准测试方面,爱奇艺做了 Sysbench、TPC-C、TPC-H 等测试,在 TPC-C 超高并发(500 个)下,平均执行的延时缩短了超过 50%,毛刺基本消除了。异步提交事务开启的情况下,SQL 的平均延时缩短了 40% 以上,写入的 QPS(每秒查询率)也提升了 70%。此外,测试的业务 SQL 性能也提升了 20% 到 40%。总体来说,TiDB 5.0 的性能比 TiDB 4.0 有大幅的提升。并且,TiDB 支持真正的实时

HTAP 场景。目前，爱奇艺线上的轻集群已经升级到了 TiDB 5.0 版本。

与爱奇艺类似的，还有携程旅行和科技创新情报 SaaS（软件即服务）服务商智慧芽等。需要对在线业务展开实时分析的很多互联网企业，都选择了 TiDB 用于其核心 HTAP 业务场景。

案例研究：中通快递——技术和业务共同演进

中通快递股份有限公司（以下简称中通）成立于 2002 年，是一家以快递为核心业务，集跨境、快运、商业、云仓、航空、金融、智能、传媒、冷链等生态版块于一体的综合物流服务企业。2020 年，中通业务量达 170 亿件，市场份额达到 20.4%。中通科技是中通旗下的互联网物流科技平台，拥有一支千余人规模的研发团队，秉承"互联网 + 物流"的理念，与公司的战略、业务紧密衔接，为中通生态圈业务打造全场景、全链路的数字化工具，为用户提供卓越的科技产品和优质的服务体验。

整个快递的生命周期、转运周期可以用五个字来概括——收、发、到、派、签。而支撑整个快递生命周期的平台就是中通大数据平台。中通从离线到实时的数据兼容再到数仓，有一套比较完善的大数据平台体系。ETL（Extract Transformation Load，抽取、转换、装载）建模也会依托该大数据平台，最终通过大数据平台对外提供数据应用的支持以及基于离线 OLAP 分析的支持，整个数据建模的时长需要支持到半小时级别。

中通与 PingCAP 的结缘是在 2017 年 PingCAP 调研分库分表场景期间，当时中通分库分表达到 16000 张表，业务上已经无法再继续扩展下去。从这一刻起至今，中通可以说是完整地体验了 PingCAP 的产品演进对自身业务的全方位支持。这可以大致分为两个阶段。

第一阶段：2018 年底，中通开始测试 TiDB 2.0，主要关注的是**大数据量的存储和分析性能**；2019 年初，中通上线了生产应用的支持。

技术需求方面，中通需要打通多个业务场景加多个业务指标；需要强一致的分布式事务,还需要对整个计算分析过程工程化,下线原来的存储过程;能够支持高并发的读写、更新;能够支持在线的维护,保证单点的故障对业务没有影响;同时,还要与现有的大数据技术生态紧密结合在一起,做到分钟级的统计分析;最后是中通一直在探索的,即要建立 100 多列的大宽表,基于这张宽表,做到多维度的查询分析。

其中,时效系统是中通原有的一套系统,这套系统原来的存储和计算部分主要是依赖 Oracle 设计的,计算依赖存储过程。原始架构比较简单,一边是消息的接入,另一边是负载。随着业务体量的增长,这套系统的性能逐渐出现瓶颈。在对这套系统进行架构升级时,中通把整个存储部分迁移到 TiDB 上,整个计算部分迁移到 TiSpark 上。消息接入依赖于 Spark Link,并通过消息队列最终到达 TiDB。TiSpark 会提供分钟级的一些计算,轻度汇总会在 Hive 进行,中度汇总会在 MySQL 进行。新系统基于 Hive,通过 Presto 对外提供应用的服务。相较于原来的关系数据库的分表,无论是 OLTP 还是 OLAP 都极大地减少了开发的工作量,并且和现有的大数据生态技术栈相融合。

迁移带来的好处有很多。

• 第一,容量增长,TiDB 可以带来更大的存储空间,已有系统数据存储周期增长到原来的三倍以上。

• 第二,在可扩展性方面,支持在线横向扩展,运维人员可以随时上下计算和存储节点,应用的感知很小。

• 第三,满足了高性能的 OLTP 业务需求,查询性能虽略有降低,但是符合业务需求。

• 第四,数据库单点压力没有了,OLTP 和 OLAP 实现了"分离",互不干扰。

• 第五,支持更多维度的分析需求。

• 第六,整体架构看起来比原来更清晰,可维护性增强,系统的可扩展性也增强了许多。另外,TiDB 的监控指标特别丰富,使用了流行的 Prometheus(一种开源的监控解决方案)+Grafana(一种开源的数据分析和可视化软件),

多而全。

2020 年"双十一"期间，中通订单量突破 8.2 亿件，整个业务规模突破 7.6 亿件，"双十一"当天的 QPS 峰值达到 35 万多。整个"双十一"期间，数据的更新体量达到了数千亿级别，整个集群上运行的 TiSpark 任务是 100 多个，支持的在线应用为 7 个，整个分析的时效在 10 分钟以内的比率达到了 98%，整个分析的数据周期达到 7~15 天。

如果说在第一阶段，TiDB 2.0 使中通的基本业务需求得到了基本满足，那么和第二阶段相比，这只能说是小试牛刀。2020 年底，中通开始测试并使用 TiFlash，目标有两个：一是**提高时效**，二是**降低硬件耗用**。

由于集群中既有使用 TiDB 3.0 和 TiSpark 的节点，又有使用 TiDB 5.0 和 TiFlash 的节点，这个对比就很明显了：TiDB 3.0 集群有 137 个物理节点，TiDB 5.0 有 97 个节点。就整个运行的周期而言，TiDB 3.0 是 5~15 分钟，基于 TiDB 5.0 的 TiFlash 已经做到 1~2 分钟，整个 TiKV 的负载降低明显。另外，在 TiDB 3.0 上 Spark 的资源大概有 60 台，而在 TiDB 5.0 上，生产加测试大概有 10 台就足够了。

在 2021 年的"618"活动期间，TiDB 5.0 上线的一些任务已经可以支持"618"活动移动端的大促看板。中通有六个核心的指标基于 TiFlash 计算；集群响应整体平稳，报表达到了分钟级的时效。整体的数据体量在 40 亿 ~50 亿条（甚至更大），报表分析数据达到 10 亿多条。

中通的案例，很好地说明了在业务发展的全周期，PingCAP 的数据库产品是如何对数据的体量和需求维度提供完整支持的。

案例研究：烟台税务的融合大数据创新之路

税收大数据是智慧税务的重要基础。近年来烟台市税务局（以下简称烟台税务）加强数据资源的深度挖掘、智能分析与融合共享，充分运用 AI（人工智能）和大数据技术，提升了税收治理水平。随着业务数据的海量增长，烟台税务多张业务大表的数据均已突破亿条规模，原先基于 Oracle RAC（实时应用集群）的数据库架构横向扩展能力不足，大表之间的关联分析通常需要花费一两小时，性能表现达不到实时分析的业务需求。

烟台税务的开发团队围绕税务大数据体系构建了一系列智慧办税、管税与决策应用，例如纳税人画像、风险识别、过程监控等。业务开发侧本着快速上线、快速迭代的原则，除了强化数据库的内核能力，还希望数据库可以融合原有的 Hadoop 大数据栈，易开发和易运维。经过多轮对比测试与应用兼容验证后，烟台税务引入 TiDB 分布式数据库构建新一代智慧税务数据平台（见图 3.3），用来承载业务中台、数据中台、税务动态监控、AI 查询平台等多个核心业务系统。

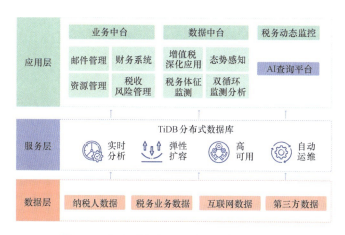

图 3.3　烟台税务新一代智慧税务数据平台

烟台税务通过开发前置程序，实现了将省局（指国家税务总局山东省税务局）Oracle 生产库的数据实时同步到 TiDB，为业务中台、数据中台和各类业务应用提供统一、实时的智能数据服务。实际场景下，发票信息和货物信息是分开的大表，每张表的数据量均在亿条以上，如果按照发票号或者开票日期进行关联分析，原先需要一两小时才能完成，使用 TiDB 分布式数据库之后可以在秒级得到分析和计算结果，服务效率呈指数级提升。

从烟台税务基于 TiDB 分布式数据库的应用可见，以数据驱动的实时化场

与开源同行：揭秘 PingCAP 七年创业实践

景成为税务行业的流行趋势，海量数据下多表的关联查询与实时结果的呈现已经成为释放大数据智慧的重要手段。事实上，对于海量数据的实时处理，相比传统的大数据技术栈和集中式数据库，分布式的 HTAP 数据库是更好的选择。目前，烟台税务基于 TiDB 分布式数据库建立了将近 300 个业务报表和分析模型，大幅提高了各级税务管理机关在预警、风险分析和管控方面的业务能力与水平，可第一时间发现异常，极大程度地减少了涉税案件的发生，提升了工作效率和服务企业的能力。

烟台税务集结 AI 专家、税收业务专家和数据库专家，创新性地开发了万维查询平台，利用 AI 语义分析进行 SQL 语句转换和建模，凭借 TiDB 分布式数据库强大的实时分析能力，实现了税务关键业务指标的可视化呈现。只要在万维查询平台的搜索框中输入文字，例如"本年度增值税入库情况"，即可展示该项指标的实时图形化报表和分析结果。万维查询平台为业务部门的人员屏蔽了数据库使用的门槛，税务工作人员不用懂 SQL，不需要敲任何代码，直接输入文字，在秒级时间内平台即可返回业务的实时统计报表，为全市税务工作人员实时掌握税收动态提供了科学的数据支持。

TiDB 支持标准 SQL，大大降低了敏态应用开发的复杂度，加快了应用的上线速度。此外，TiDB 为运营人员提供了灵活的可视化查询界面，让运营人员通过 SQL 实时分析和实时运营成为可能。TiDB 采用计算与存储分离的分布式架构设计，通过简单的增加新节点即可按需扩展吞吐或存储，完美地解决了传统数据库的单点性能瓶颈问题。TiDB 提供金融级高可用保障，可实现故障的自动恢复。TiDB 只用一个数据平台即可满足实时交易与实时分析的场景需求，并且可以与 Hadoop、Flink、Spark、Kafka 等大数据生态融合，为上层业务提供统一数据服务，在简化各类数据栈的同时大幅节省了人力与维护成本。

未来，烟台税务将进一步加强 AI 与分布式数据库的深层次应用，结合智慧税务数据平台，实现精准涉税分析、动态信用评估、涉税风险预警等领域丰富的决策支持与应用创新。TiDB 的 HTAP 能力除了在互联网、物流等高科技场景下得到了应用，也正在帮助政务这样的公共服务行业进行架构创新、完成数字化转型。

案例研究：微众银行——满足金融场景高可用需求

TiDB 的特性是否能够满足金融机构高可用的架构需求？

TiDB 在微众银行的部署架构如图 3.4 所示。首先，TiKV 选择三份副本，分别部署在同城的三个数据中心，这样可以实现 IDC（互联网数据中心）级别的高可用。其次，在每个 IDC 部署了一套 TiDB，并绑定负载均衡，这样使得应用可以做到多活接入的模式。这套架构也经受过 IDC 级别的真实故障的演练验证，即将其中一个 IDC 的网络全部断掉后，观察到集群可以快速恢复，因此可以确认 **TiDB 能够满足金融场景高可用的需求**。

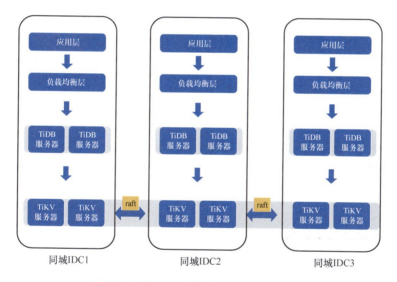

图 3.4　TiDB 在微众银行的部署架构

贷款核心批量核算是金融行业比较经典且非常重要的场景，它需要海量的批量写入、更新以及运算，而且数据量达亿级，甚至 10 亿级以上。随着业务的快速开展，借据数、用户数和流水数据也在持续增长，如果使用单机数据库来承载会存在一些问题。首先，受限于单机数据库的性能上限，批处理耗时会越来越长，而且之前单机数据库的负载已经很高，输入 / 输出、CPU 的使用率已经达到 70% ~ 80%，如果想通过增加并发数量的方式提升批处理效率是有风险的，因为数据库负载太高可能造成主备库复制延迟或者遇到故障无法进行快速主备库切换。其次，单机数据库对这种数据量达亿级或者 10 亿级的表加字段或者进行数据管理难度非常大。虽然微众银行日常会用 onlineDDL（在线数据定义语言）工具，比如 pt-online-schema-change 来做表变更操作，但也会有小概率的锁表风险。最后，基于资源利用率考虑，批量系统和联机系统复用了同一套单机数据库，所以，如果批量任务造成高负载，很可能会影响联机交易。

基于这些背景问题，微众银行借助 TiDB 做了架构的升级优化。首先把各个业务单元的数据通过 DM（Data Migration，TiDB 数据迁移工具）工具实时同步和汇总到 TiDB，然后直接基于 TiDB 做批量计算，再把结果传到大数据平台，相当于借助 TiDB 的水平扩展性来达到批量效率的水平扩展。之前是传统的 MySQL 主备库架构，会要求业务服务器跟 MySQL 的主节点部署在同一个 IDC。而如果是跨机房访问，网络延迟会比较大，进而影响批量操作的耗时，所以其他 IDC 的应用服务器就处于待机状态，会造成一定的资源浪费，而 TiDB 架构的所有 TiKV 节点可以同时读写，所以可以多个 IDC 同时启动批量任务，最大化资源利用率。

TiDB 在微众银行贷款核心业务场景中的使用，总结起来有三个主要价值收益。

- **批量操作效率提高。** 比如微众银行一个贷款业务的账单日的批量操作耗时是三个多小时，而借助 TiDB 进行架构升级优化后，耗时减少到了 50 分钟左右，这是效率上的显著提升。

- **水平扩展。** 微众银行的需求不仅仅是效率提升，而且要求数据库可以做到水平扩展，也就是弹性伸缩。因为随着业务的发展，借据数（包括用户数）在持续增长，如果存在热点或者其他瓶颈，以后想继续提升将十分困难。举例来说，如果在初始资源的情况下批处理需要约 25 分钟，若数据量翻倍，耗时将增加到 50 分钟。使用 TiDB 后，在资源翻倍的情况下耗时又降回到 26 分钟左右，可见 TiDB 已经具备水平扩展能力。所以除了效率上的提升，水平扩展能力的一大好处就是随着业务的持续发展，借据数（包括用户数）都在快速增长，采用这套架构，将无须担心业务快速增长可能出现的技术瓶颈，业务可以更加聚焦于产品本身，这是 TiDB 带来的一个实实在在的业务价值。

- **批量系统与联机交易系统分离。**前面提到批量系统与联机系统出于资源利用率的考虑做了复用，现在拆分之后实际上批量系统与联机系统就完全分离了，并且没有像单机数据库的主备库复制延迟问题，可以最大化资源利用率来提升批量操作的效率。

与微众银行业务类似的单位，还有以北京银行为代表的大量商业银行，以及陆金所（全称上海陆金所信息科技股份有限公司）等创新型金融机构等，它们也看准了 TiDB 数据库产品的高可用性，并在核心业务场景中选用了它。

第三节

发挥开源三大价值，构建企业服务能力

如果说 2020 年初以来在全球范围爆发的新冠肺炎疫情给整个世界带来的最大变化，那就是人类已经永久性地进入了数字化加速的时代。进入新周期的互联网服务走向"海量用户、长连接、秒级反馈"的沉浸时代；传统企业加速数字化转型，以实现线上线下融合和 DTC（Direct to Customer，直面消费者）模式。未来将不存在所谓传统企业，只有数字化企业。从上一节的案例中我们可以深刻地感受到，企业的业务需求正在走向"海量、实时、在线"的基本形态，企业组织的核心能力变成"敏捷创新、实时反馈"的能力。数据成为企业经营的新血液，这也对企业的 IT 架构提出了新的要求，其必须做到"三个实时"：实时处理、实时分析、实时反馈。为了达到这种要求，无论是互联网企业还是传统企业，都在搭建更适合的 IT 架构，公有云服务、SaaS 应用、低代码开发、Serverless 等新技术和新模式得到了广泛应用。不过，要让这些新技术和新模式真正发挥作用，企业还需要与时俱进的数据技术解决方案，原因很简单：真正的数字化企业必然是建立在大数据基础上的企业，其所开展的任何经营活动，都必然涉及数据的收集、提取、整理、分析等。如果没有适合自己的数据解决方案，企业的 IT 架构要做到"三个实时"，只能是空谈。

由于历史原因，很多企业在各种数据工具上叠床架屋，最后却发现造不出一栋适合居住的房子。以国内某银行为例，要对海量数据进行分析，必须首先在交易核心数据库中运行批处理，再将数据从 ODS（操作型数据存储）系统 ETL（Extract-Transform-Load，抽取、转换、加载）到数仓，接着进行流式计算，最后再放入数据湖，整个数据手动处理的过程至少需要一天。而且 Hadoop 和数据湖的开源生态中很多组件并不兼容，日常运维已捉襟见肘，想提速也无从下手。IT 部门如此不给力，而业务部门对于转瞬即逝的营销机会却又是如此渴求，多一分钟可能都会嫌慢，这导致双方一直争吵不休。也正是因为如此，过去 10 年间，除了全世界排名前 20 的互联网大企业，其他互联网

企业 80% 的 Hadoop 大数据项目都失败了。《The Forrester Tech Tide™：数据管理》2020 年一季度的报告已经把 Hadoop 平台列为需要"剥离"的数据管理平台之一。而知名 Hadoop 发行商 Cloudera 之所以被私募基金收购并私有化，也是因为 Hadoop 大数据平台的广泛应用不尽如人意。

正所谓"分久必合"，未来大数据的技术路线将走向"合"——简化和融合。简化就是屏蔽复杂性，可通过自动伸缩、自动运维、HTAP 等方法来实现；融合是要让大多数企业的数据库和大数据技术栈融为一体。Gartner 评价 2021 年的技术趋势时指出：一个一体化的数据平台可以加速数字化转型，这个是大多数企业梦寐以求的方向。从简单的"数据库"工具，升级为"数据平台"技术底座，这是全新的技术挑战，也蕴藏着巨大的商业机遇。

想要让数据库和大数据技术栈融为一体，并满足企业用户对新一代数据平台的急迫需求，既能让大型企业用户可以主导自己的技术创新节奏，也让中小企业可以无门槛地使用持续迭代的创新技术，这些都离不开数据技术的进一步开源和生态层面的协作。开源带来了三个层次的价值，分别是**社会价值，商业价值和创新价值**。对于个人用户和中小企业来说，开源可以让他们无门槛地使用质量优良的软件产品，这是社会价值的体现；开源软件公司通过商业模式的创新，让社区产品与云服务深度融合，可以形成与企业用户的高频互动，利用企业用户的即时反馈促进软件产品的持续改进，并在第一时间使用云服务，这大大提升了软件的商业价值；大型企业和开源社区形成基于产品的深度协作，让大型企业不仅可以把握自己的创新节奏，还可以反哺开源社区，加快社会的创新节奏，这是开源的创新价值。这三个价值在数字化加速、数据大爆发的未来 10 年将成为必需。

对于三大价值中的任何一方面来说，开源社区都是基石般的存在：开源社区的成熟度，直接构成社会价值的基础；而开源社区通过与商业模式融合带来了潜在的商业价值；随着开源社区的成熟度越来越高，开源社区也成为探索创新模式的支撑。开源社区协作模式激发了技术创新。开源社区通过公开透明的方式降低了边界成本，参与者更容易获取项目的现有信息及发展轨迹，从而充分调动个人主观能动性，通过社区协作机制进行思想碰撞，激发技术创新。

以 Kubernetes 为例，Kubernetes 以透明、开放为原则，从 API（应用程序接口）到容器中的每一层，都给开发者展示了可扩展的插件机制，鼓励用户通过代码的方式介入每一个阶段。而这一举措在整个容器社区中孵化出了大量基于 Kubernetes API 和扩展接口的二次创新项目，例如 Istio 微服务治理工具、应用部署框架 Operator、云原生存储项目 ROOK 等。开源社区放大了工程师的红利效应。随着信息化进程的加快，各行业进入软件定义的时代，工程师群体数量激增，呈现规模化效应，比如 2020 年 GitHub 开发者的数量达到 5600 万，预计 2025 年将达到 1 亿。开源社区通过建立社交网络，吸引了潜在人员，有效扩大了工程师群体规模。

开源社区推动国内外开源协同发展。开源社区模式有效地将国内的场景优势和工程师优势与全球的开源运动进行结合，调动全球开发者参与。一方面国内具有充足的开发者群体和使用场景，国内互联网场景在并发性和复杂性上均高于全球平均水平，有利于吸引开发者解决具有挑战性的问题；另一方面，全球开发者在开源社区中积极参与活动，双方可以通过开源社区共享优秀场景案例，迅速提升项目技术水平。

在发挥开源产品的商业价值方面，则需要考虑以下三个问题。

• **拥有足够的市场空间**。一个开源产品如果功能过于全面，市场匹配度可能非常高，这会导致用户并不需要商业增值的功能，这也意味着没有能够驱动收入增长的空间。因此，在推动开源项目应用的过程中，社区应该仔细考虑将来可能会商业化的功能，与社区功能进行清晰划分。

• **明确产品的商业模式**。社区需要明确思考开源软件提供的价值不仅仅在于它本身的功能，还在于它提供的运维和规模化运行服务。常见的商业模式包括技术支持和服务模式、开放核心模式，以及通过 SaaS 提供全套软件托管产品的模式等。选择哪种商业模式取决于产品能为客户提供什么样的价值，以及如何最好地服务客户。同时商业模式并不是唯一的，社区可以根据自身产品的实际业务场景，构建多种模式混合的商业模型。

- **找到潜在的付费用户。** 通过关注开源项目的用户，社区可以了解哪些行业、组织与个人正在使用项目，项目中的哪些功能具备更大的吸引力。随后社区可以对已收集到的信息进行定量与定性分析，考虑是否需要针对特定细分领域进行重点关注与定制化服务。

使用传统商业软件和使用开源软件的企业，往往在心态上有一个重大的区别。前者基本上会是一个外包开发的心态，企业负责提需求，开发商负责实现需求和修复缺陷。从分工上说，这当然没有什么问题。但实际上，这种合作模式对于合作双方的要求都非常高。而采用开源软件的企业更像一根链条，无须对接任何业务或销售部门就可以开启软件的完整体验。反过来，开源软件的厂商更像是在和企业共创一个产品。在此过程中，企业通过开源社区充分参与产品的改进过程，其间能够更深刻地理解自身对软件的需求，同时也能够在社区中找到大量有相似需求的同行和友商，更重要的是发现满足自身需要的人才。

但是，无论开源软件能够带来多大价值，都离不开自身的过硬素质。用 Databricks 联合创始人及 CEO 阿里·古德西（Ali Ghodsi）的话来说："我们开源什么、不开源什么对我们的客户来说并不重要。"企业选择开源软件的根本理由与选择非开源软件并无本质不同，都需要软件提供好的性价比、及时全面的支持和服务、足够级别的可用性和安全性。软件并不会因为它开源了，就天然具备这些素质。开源软件要具备竞争力，就不仅需要把开源的优势充分发挥出来，同样需要在硬实力方面对非开源软件形成全面超越。作为数据底座的基础软件，尤其如此。

企业级开源软件有什么不同？

对于这个话题，PingCAP CTO 黄东旭谈到开源软件的历史和现状时提到："现在的开源软件跟 20 年前 MySQL 这些技术刚刚出现时有何不同？最重要的一个区别就在于过去的开源 1.0 时代，比如说 Linux、Hadoop、MySQL，早期都是自底向上的。几个热情的开发者、几个极客凭着个人英雄主义，有一个好的想法，就去实现了，然后通过慢慢发展，从最初的草根状态蜕变成现在成熟的软件。不稳定只是过去开源的一个特征，但是大家看到，最近几年，Confluent 的 Kafka 和 PingCAP 的 TiDB，其实背后都有一个专业的团队或者专业的公司在支撑，这个团队或公司本身的目标就是基于开源软件去做企业级的产品化。所以，在这一点上，它们和传统意义上的纯开源社区起家的开源软件是很不一样的，只要开源软件背后有专业的团队或公司去支撑，就能够保证安全性。并且，开源软件在底层有云基础设施作为支撑，随着云的能力愈加成熟，很多基础软件包括开源软件的成熟度也被拔高了一个档次。"

在黄东旭看来，企业级数据库作为一个基础软件，应该让用户"省心、省力、省钱、省时"。

要满足这些要求，背后要做大量的工作。

首先，产品要有企业级的特性，比如，大多数企业会在天然具有高复杂性的同时，也有高可靠性和高可用性的需求。还有很多企业（比如说银行、头部金融企业等）会有特有的需求，有些需求要经过严格的安全和性能方面的合规验证。

PingCAP 作为数据库提供商，一直都把安全及保障数据隐私作为最高优先级的工作。PingCAP 建立了完善的安全和数据隐私合规管理体系，并为数据库设计了一系列安全功能，从而为用户提供安全可靠的数据库产品。国内的企业设置了专职的安全部门、法务部门，遵守中华人民共和国及海外主要国家的数据隐私法规，积极对标国内和国际的安全合规标准。TiDB 已获得 ISO 27001 安全认证，并符合欧盟 GDPR 要求，还经权威第三方验证获得了 ePrivacyseal EU（欧盟）隐私保护认证。

• ISO 27001 是一套获得业界广泛认可的安全管理体系标准（标准号 ISO 27001:2013），PingCAP 通过此项认证意味着其在信息安全领域已经达到国际标准，具有足够的信息安全风险识别和控制能力。

• GDPR（General Data Protection Regulation，通用数据保护条例）是欧洲议会和欧洲理事会在 2016 年 4 月通过、2018 年 5 月开始强制实施的条例，其意义在于推动强制执行隐私条例，规定企业对于用户数据的收集、存储、保护和使用的新标准,并赋予用户对自有数据更大的处理权。

• ePrivacyseal EU 隐私保护认证由欧洲隐私认证权威机构 ePrivacy 颁发,该机构提供透明的认证流程和可靠的认证标准,在欧盟以至全球都具备权威性和广泛的影响力。该认证涵盖了数字产品的 GDPR 要求,从法律和技术两个维度对认证对象进行评估,证明产品符合 ePrivacyseal 标准清单,确保满足 GDPR 法律要求。

其次,产品要**为客户提供解决方案**。产品不能是"裸"的产品,需要为客户提供完善的解决方案,不能远离客户,需要有特定的场景能力。

PingCAP 的客户来自各行各业,但 PingCAP 的关注点始终为企业数字化转型的两大方向:**业务敏捷性**和**数据实时洞察**。业务敏捷性提升让 IT 系统能更快速地响应业务变化和数据增长;数据实时洞察让企业能够快速了解业务实时状况,做出实时分析决策。这两点对数据库的要求和传统数据库架构设计相比已经相去甚远。TiDB 充分发挥了云原生分布式架构的优势,以敏捷、高可扩展的 OLTP 支持业务敏捷性的提升,以实时 HTAP 支持数据实时洞察,并通过各行各业的实践,积累了丰富的基础架构解决方案和应用架构解决方案。从"数据迁移、业务连续性、上云、安全"等基础架构解决方案,到"实时数据服务、实时风控、分布式批量、综合数据查询"等应用解决方案,PingCAP 全面助力企业应用 TiDB 实现业务成功。特别是过去三年 PingCAP 在实时 HTAP 领域的创新,为在数字化转型中企业实现数据实时洞察、实时分析、实时变现提供了一栈式解决方案。

业务在带来良好用户体验的同时还要完成交易和变现。业务敏捷除了要求系统能快速响应业务变化和数据增长,还要求能高可靠地支持海量交易、支付等严肃事务。目前很多企业仍在通过 SQL 生态云化的过渡方式来满足上述要求,但 PingCAP 在实践中看到,当用户的数据量尤其数据更新量超过一定范畴,原生的分布式 NewSQL 才是先进架构的选择。再加上数据技术都进入全面云服务化的阶段,架构之间的差异就更加凸显出来。同时,实时洞察要求数据决策从 T+1 向 T+0 升级,甚至是秒级、毫秒级的分析响应,实时汇聚多源数据、动态更新并灵活计算都是不断出现的需求，渐渐地，事务性计算和分析性计算之间的分界越来越模糊，数据库和大数据的技术创新会不断融合。上一节就曾经举过互联网、政企和金融行业的例子。实际上，未来各行各业都需要具备数据方面的基础能力，数据处理和分析向实时化的迈进会给业务演化带来前所未有的机会，引发行业内人士的思考，而这些又会催生出更多样化的数据玩法，诞生更丰富的业务场景，反过来促进基础软件的不断迭代。

事实上，场景驱动已经成为 PingCAP 产品研发和迭代的主要动力之一，这个在后面会展开详谈。

为客户提供企业服务能力也非常重要，包括前期的规划咨询能力、运维能力、认证能力、实施服务能力。此外，还需要有技术中心与客户一起进行应用场景联合创新，需要有培训服务体系等。

以客户成功为中心是 PingCAP 的核心价值观。除了 TiDB 产品层面，PingCAP 还希望企业客户在专有的技术服务和咨询专家的帮助下，获得业务保障、优化及加速实现企业的业务价值。通过 PingCAP 企业级订阅服务，企业将持续获得产品演进带来的创新与能力提升，同时享有不限次数的、有支持响应保障的远程产品技术支持和专业指导。高级订阅服务还内含多供应商技术问题协查、重要时间的特殊保障支持等。PingCAP 的企业服务主要是由 PingCAP Technical Service（PingCAP 技术服务）团队来负责，如果需要更加深入的服务，还可以使用 PingCAP 专家服务。PingCAP 的专家服务则可为企业提供现场架构咨询、应用适配、知识传递、深度巡检、扩容变更支持、定制化规范 / 手册等，让企业轻松应用 TiDB。

此外，PingCAP 还可根据客户需要，通过 PingCAP Education 项目提供定制化课程内容开发和交付，帮助客户培养具备全面架构和开发能力的 TiDB 数据人才梯队。这是 PingCAP 的一大特色服务。

以产品、解决方案和服务的完整体系全方位助力企业数字化转型，聚焦提升业务敏捷性和支撑数据实时洞察，全力赋能客户业务成功是 PingCAP 的使命和目标。

完整的企业服务能力除了上面的内容外，还要求开源社区具备特有的开放的生态，包括生态中的合作伙伴。让社区也能服务企业级客户，不仅使客户能从社区里面得到技术的支持和保障，还能通过 PingCAP 第三方合作伙伴得到同等的保障。开源产品要对企业级客户可信，意思就是就算提供开源产品的公司倒闭了，因为我有你的源代码，企业只要有技术能力，依然能够持续地去创新。

除了以上这些，优秀的企业级开源产品还需要做更多。首先，让客户拥有代码自主控制权，让客户将依赖第三方的程度降至最低；其次，客户要能够从开源社区获得更多的服务；最后，由于开源技术具备丰富的生态，懂的人特别多，而且非常透明，所以即便是厂商没有足够的人力来提供帮助，客户也可以从社区或者合作伙伴中找到人解决问题。综上所述，除了必备的产品解决方案、咨询服务、专业服务支持之外，开源产品还需要具备让客户不被锁定、丰富的技术生态和来自社区与合作伙伴的专业快速响应等特点，这些都是企业级客户渴望得到的支持。

黄东旭谈国内企业服务的新商机

过去大家基本上默认国内的企业服务市场是并不挣钱的，但是我认为这个观点可能快过时了。

为什么大家觉得过去国内的企业服务市场不挣钱，或者说不是一个特别好的生意？过去国内做企业服务的厂商基本都是软件集成商，这样的大型 IT 经销商的竞争力是做产品的整合和周边开发。简单来说，他们的商业模式是"卖人"，招一些工程师，快速把产品做出来满足用户需求，算是外包模式。外包模式的问题是难以复制，或者说很难扩展，因为每一家的需求都不太一样。

国内没有 Oracle 这样的大公司，有几个原因。一是过去 20 年国内的开发者整体水平不是太高，很难做出有核心技术竞争力的产品；另外就是过去的开发者不够尊重 IT 知识产权，盗版是一个长期存在的问题；还有就是过去大家都喜欢自己造轮子，因为国内工程师在过去非常便宜，对于公司来说，养一个团队自己去做，整个成本反而是更低的，而在外面找软件供应商，产品质量参差不齐，还可能涉及跨公司和跨项目协作的各种扯皮。这就导致过去国内软件行业基本上是渠道导向、销售导向甚至关系导向的市场，并不是产品导向。这样就活生生把企业毛利特别高的软件行业变成了毛利特别低的行业。

不过，中国正在发生一些变化。第一个变化是互联网公司有钱了。过去很多人都奉劝我不要做互联网公司的生意。但是我发现，现在很多互联网公司的 CTO 和 CIO 都很会算账，产品质量和服务都不错的情况下，对比一下自己造轮子的成本跟购买技术软件提供商产品的成本，很明显后者更划算。另外，互联网公司也不是一下子就能招到合适的人选，何况工程师的薪水也是水涨船高。第二个变化是国内的人力成本在慢慢向美国靠拢，这就给企业服务带来巨大机会。美国的企业服务市场规模是我国的 20 倍，中间存在巨大利差。过去国内企业不太接受企业服务是因为人力太便宜，当人力成本上升到企业主不能忽视的级别时，购买软件服务会成为主流做法，这是国内优秀企业服务公司的好机会。

简单来说，就是企业客户不是因为跟我关系好就采购我的产品，而是我真的给其传递了价值，传递了好的产品，解决了企业的痛点，让企业能创造更好的价值。正常的商业社会应该是这样的。PingCAP 做企业服务的方式是平等、互相尊重，这是很重要的特点。当你发自内心地希望客户成功，希望产品对其真正有帮助的时候，自然就可以和客户成为朋友，因为大家的利益是一致的。

第四节
以场景和开源连接国内和海外市场

PingCAP 从成立之初就坚持国际化的理念，国际化和开源策略是 PingCAP 的两大基石，支撑着 PingCAP 的发展和进步。

在 PingCAP 成立早期，TiDB 是没有中文文档的，所有的注释，甚至每一个提交记录都必须是英文的，所有的设计文档都要放到 GitHub 上。早期的用户在发现问题时，有时会直接通过微信或者邮件联系我们，但也会被建议把问题放到 GitHub。早期甚至会有专人帮助提出问题（issue）的人把问题从中文翻译成英文。之所以这样做，其实是从 TiDB 项目发起和早期阶段我们就树立了一个理念：**要把项目的"从哪里来"和"怎样做"展示给社区的全球参与者**。

开源天然地解决了彼此的信任问题，这正是开源的独特魅力，让社区中来自全球各地的每个人都有机会认识你、认可你、认同你。在信任的基础上，开源产品可以在全球化的舞台上实现高效传播。图 3.5 展示的社区贡献者，就是一位来自多米尼加共和国的帅气小伙。TiDB 的相关技术文档，被爱好者自发地翻译成俄语、乌克兰语、日语、西班牙语和葡萄牙语等，极大地推进了产品的全球化。有些文档甚至还入选了威斯康星、普渡、卡内基梅隆大学的数据库课程。

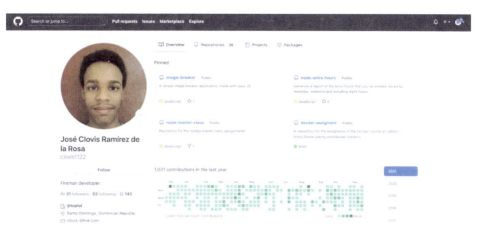

图 3.5　社区贡献者

PingCAP CTO 黄东旭如是说："国际化的意义，不仅是要有国际化的业务，而且要具备国际化的视野。如果想讲好中国故事，就必须得先讲个全球化故事。至少在开源领域是这样的：你想要做中国的第一，你必须得是全球第一；也就是说，最好的国产化其实是国际化。"

基础软件的特点是通用性，中国用户能用的功能，美国、日本的用户也能用。解决用户痛点，拥抱真实场景，就会不断积累用户。比如"美版知乎"Quora 看到 TiDB 在国内知乎的使用场景后，很快就能建立对产品的信任。

很多国际用户看中 TiDB，不仅是因为产品体验好，更是因为它经过了同类型用户更极端场景的验证，这些极端场景覆盖了互联网金融、电商、支付、在线游戏、视频等行业，能够无缝对接到海外的用户，满足用户的大规模数据处理、风控、实时决策以及数据中台等业务需求。

◇ **Ninja Van：将中国领先的物流场景带到全球**

新冠肺炎疫情以来，全球物流行业发展非常迅速，而支撑一个高效物流体系的是对数据的实时洞察系统。我国的物流行业是全球领先的，上一节中提到的中通快递就是一个利用 TiDB 进行创新实现实时洞察，将业务快速从国内复制到海外的绝佳案例，而 Ninja Van 是一个将我国领先的优势场景带到全球的典型案例。

Ninja Van 是一家物流独角兽公司，总部位于新加坡。2020 年初，Ninja Van 决定找一个 MySQL 技术栈的替代性解决方案，由于 TiDB 与 MySQL 协议有着高度兼容性，该公司接触到了 TiDB 4.0，在迁移过程中工程师只对代码进行了微小的更改就完成了整个迁移工作。而且 TiDB 开箱即用的高可用性、云原生特性、支持在线 DDL 的特性，帮助数据库团队减少了大量操作上的开销。

Ninja Van 联合创始人 CTO Shaun Chong 表示："希望 TiDB 坚持开源，我们评估了其他很多开源的 NewSQL 项目，它们的社区版本无法支持全套功能，但 TiDB 却可以。在我看来，社区版本与企业版本一样重要，所以我们希望 TiDB 保持这种方式。因此，开源的主要好处在于，社区想要参与其中非常容易，这样我们在保证经济高效发展的同时还拥有庞大的用户群。"

◇ **U-Next 和爱奇艺：选择 TiDB 应对业务高速增长的挑战**

U-Next 是日本领先的视频点播服务公司，类似于国内的爱奇艺。近几年 U-Next 的整体业务保持高速增长的势头，原先的基础架构已经无法应对业务的高速增长，对 IT 基础架构的改造迫在眉睫。

而爱奇艺是国内领先的网络视频播放平台，2019 年 6 月，爱奇艺 VIP 会员规模突破 1 亿。随着视频业务的快速发展，数据的实时处理能力成为数据变现的重要关口之一。

同为视频服务平台的两家公司不约而同地将 TiDB 视为最好的选择，来解决业务高速增长中遇到的问题。

U-Next 原先采用了典型的 MySQL 读写分离方案，这个方案随着服务器并发量的增大延迟会增加，虽然可以水平扩展读写，但是后端的 MySQL 很容易达到单机的性能瓶颈，一旦达到瓶颈，扩容起来非常痛苦。U-Next 对数据库的需求如下。

- 不能有显而易见的性能瓶颈。U-Next 有一张表用于存放用户所有的点播历史，进入 2019 年后，这张表以每个月 1 亿行的速度增大。用户登录后就要调用这张表，某些用户看的视频越多，就会发现打开首页的速度越慢。临时的方法是把一些老数据转存到别的数据库，给这张表瘦身，但是这种做法不能持续下去。所以，U-Next 希望有一个没有瓶颈、可以任意水平扩展的方案。

- 高可用性。如何实现在线扩容升级？更换服务器的话，数据要迁移、同步、切割，环节一多，容错率就低。这次更换了服务器，以后还是会发生同样的问题。另外，传统的主从架构因为是异步复制，在发生故障迁移的时候，Binlog（二进制日志）同步不及时会造成数据库不一致，这又会是另外一件很麻烦的事情，因此分布式数据库的强一致性是最理想的一个解决方案。

- 社区活跃和商业支持。常用开源产品的用户可能比较清楚，有的产品用着用着就没有人去维护了。拥有小体量用户的产品，一出问题 IT 人员往往没有精力也没有能力解决，所以，长久可持续获得的技术支持至关重要。社区的活跃程度、是否有商业公司的服务支持，都成为评判是否采用该数据库的标准。

- 迁移的成本。这个主要是现有业务的代码在对接新的数据库系统时产生的额外开发成本。在不完全改动当前代码的情况下做迁移是最理想的，不过，现实总是很残酷，U-Next 希望尽可能减少业务代码的改动。

在这种场景下，由于 TiDB 具备水平的弹性扩展能力，性能随节点的增加而线性提升，同时支持 ACID 事务，兼容 MySQL 协议，因此企业可以尽可能减少业务代码的改动，实现系统的平滑迁移。

从 PingCAP 看中国技术出海模式

我国技术出海容易遇到信任度、监管、地理位置等各种各样的问题。以欧盟成员国为例，虽然国家都比较小，但数量非常多，而且 GDPR 非常严格；再比如，印度尼西亚由很多个岛屿组成，为应对自然灾害，就要求数据在几百千米以外有存档；另外，像日本是多自然灾害国家，经常发生海啸、地震，也会要求做跨区域的数据备份，公共云厂商一般都会在东京放一部分数据，大阪放一部分数据。所以 TiDB 也必须支持跨区域数据的灾备。此外，海外人力成本越来越高，所以部分地区会要求把所有技术设施都使用代码进行管理，对 IaC（Infrastructure as Code，基础设施即代码）的挑战会很大，同时对自动化的运维要求也很高。

PingCAP 可以顺利出海有几个关键因素。第一是上云，只有云上的服务才能突破地域的限制。TiDB 在完成云平台化之后，第二是解除信任门槛。不得不承认，在这一点上，开源是个很好的敲门砖。我国技术公司服务海外客户，如果没有采用开源技术，会加大对方的疑虑，尤其是数据库这种基础设施，用专家的话说："数据库就是 IT 系统的心脏，是比较要命的东西。"TiDB 开源社区的活跃度在这方面也提供了很大的帮助，既解决了信任门槛的问题，同时在海外市场做广告和宣传时也避免了很多麻烦。第三就是对新技术趋势要敏感。以 TiDB 为例，开源技术只有快速迭代，才能跟其他技术，如 Flink、Spark 融合在一起。海外的许多企业技术前瞻性非常强，知道企业技术的演进一定要跟上客户的新形态才能保证不掉队。回过头看国内，我们的云厂商的架构总体上并没有特别领先于世界的技术，同质化的竞争和内卷的局面仍在继续，工具确实有很多，但是模式没有明显优势。

海外客户基本上都在云端，许多都是在云端使用 MySQL 或者使用云端的 RDS（关系型数据库服务），这对 TiDB 来说也是天然的优势。TiDB 的做法是优先选择海外公有云上的头部互联网企业，公有云解决了数据安全性的问题，头部互联网企业解决了体量的问题。不管对方是使用 MySQL 还是其他传统数据库，遇到瓶颈就会有新的需求，恰巧 TiDB 向下兼容 MySQL。同时，TiDB 开源的生态也起到了关键作用。

对于 TiDB 来说，不同地区海外客户的需求也有明显的区别。海外云上的客户之前多数使用 RDS，其中以 MySQL 的 RDS 最为普遍，在出现无法处理的数据量后就会有两种选择。第一种选择是全托管，即所有技术上的事情全都不管，全部服务交给 TiDB 去做，这也就是 TiDB Cloud 做的事情，当前主要以日本客户为主。另外一种选择就是还需要透明可观测性，比如美国的大部分客户是让 TiDB 运行在亚马逊网络服务（Amazan Web Service，AWS）和谷歌云平台（Google Cloud Platform，GCP）上，所以会要求 Cloud Native（云原生）支持比较好，支持云原生就意味着客户的系统可以同时运行在多个云上，云原生对客户来说意味着跨云独立。当然，北美客户也对全托管的 TiDB Cloud 表现出很大的关注度。

当然其中还有部分跨洲的需求，比如大型公司经常要求美国和欧洲的业务之间有更好的隔离性，需要数据库能够比较简易地实现这种功能。

以北美的一家著名社交公司 A 公司为例，A 公司的用户体量比较大，HBase 的规模达到了 10PB（拍字节，为 2^{50} 字节）。A 公司刚成立时正是 NoSQL 比较流行的阶段，所以使用了很多 NoSQL 的服务。后来随着发展，A 公司发现 NoSQL 很难满足自身的业务需求，就准备寻找下一个数据库。A 公司花了半年时间，看了 15 个系统。从这里其实可以看出，A 公司在数据库选择这件事情上还是比较严谨的。最后 A 公司选择了 TiDB，主要的原因是 TiDB 稳定、性能更好、成熟度高、维护成本低。A 公司经过评估后，开始逐渐从 HBase 向 TiDB 迁移。

其实从这家公司的技术栈选择可以看出来，虽然目前 TiDB 的典型客户还不够多，但是成为 HBase 的替换已经是未来的趋势了。

还有一个案例。B 公司之前花费大概 1000 万美元购买了 300 多台的 Aurora 数据库机器，但是效果并不是太好。300 多台机器的升级对他们来说工作量非常大，Aurora 也无法满足当前的业务需求。此外，B 公司正在做数据服务，此前的 SQL 方案对于现在的应用开发来说体验较差。于是基于这些事，B 公司希望使用 TiDB 来做支撑，支持 100 多万级别的 QPS（每秒查询率）。B 公司选择 TiDB 的原因是 TiDB 有更好的可观测性，同时可以把架构简化，这与其下一代的云原生架构很接近。B 公司的下一代云原生架构欲在每个公有云上部署一套 Kubernetes，让 TiDB 在跨 Kubernetes 中提供服务，整体上是一个 TiDB 集群。

日本市场则有其独特的场景，经过调研后 PingCAP 发现其主要特点有以下几个方面。第一，传统数据库扩展困难的痛点比较突出，实时业务的需求使得传统公司正在考虑逐步尝试换掉 Oracle 等数据库，升级 MySQL 数据库的扩展能力，并提升实时分析能力；第二，日本整个数字化行业近年来得到进一步发展，虽说日本总人口并不多，但场景越来越趋向于高频业务，这种情况非常适合 TiDB 发挥自身优势；第三，由于人力成本等多方面原因，日本缺乏经验丰富的 SRE（网站可靠性工程师）和 DBA（数据库管理员）。同时 PingCAP 发现，基于这几个因素、TiDB 可以做的事情，再加上开源社区的影响，TiDB 在日本的热度还是比较高的。

就 TiDB 而言，PingCAP 在日本的规划是先从游戏、互联网行业入手，之后慢慢转向传统行业、金融行业。首先因为游戏行业有着天然的周期；其次因为互联网行业有高频的场景，有大数据量的增长需求；还有一个原因是，这两个行业的从业者对新技术的接受度普遍很高，比较少顾虑产品技术以外的东西，只看产品能力和成功率。这些正是 TiDB 需要的。

不过不同于北美客户，日本的客户更倾向于使用托管的服务，这样可以使他们更专注于业务本身。以游戏行业为例，日本游戏的特点是生命周期普遍比较长，一款游戏往往能运营几十年，有许多忠实的粉丝，用户付费习惯也比较好，所以游戏付费是最常见的场景，诸如高频交易、时效性、交易完整性等，要求都很高。另外，日本的游戏一直有非常稳定的用户，这些用户对游戏的稳定性和因为游戏升级等原因导致的维护期非常看重。所以日本的游戏公司也会在游戏制作上重点投入，比如采集游戏用的声音。他们并非不重视技术，只是因为人力成本的原因，相对缺乏有经验的 SRE 和 DBA，这些对云端的数据库来说都是很大的挑战。

以某游戏公司 C 公司为例，C 公司每年的游戏收入有 2 亿～3 亿美元，他们一年要开发 10 款游戏，但是开发团队只有 10 个人，如果细分到数据库和云的开发小组，人员就更少了，MySQL 无法满足这样的场景，TiDB Cloud 这种托管方式显然更为合适。同时，TiDB 在实时反馈、高频交易、时效性、完整性等方面也确实达到了对方的要求。

另外还有一个比较有特点的是金融行业。日本市场的非现金支付技术不像我国发展得这么快，但在几年前曾有一个快速发展的过程，经过分析后发现主要有以下几个原因。第一是电商的快速增加；第二是智能手机和电子支付技术的发展；第三是外来游客的涌入，电子支付对游客来说是最方便的支付渠道，这些突增的用户量、实时在线交易使得本地支付公司的数据库无法承载。

以其中一个金融公司 D 公司为例，该公司的系统架构非常简单，主要包括支付、用户、商户、钱包、风控、活动等模块。D 公司用户量在从 1500 万增长到 4000 万的过程中，原有的 Aurora 数据库无法满足实时在线处理的需求，所以选择迁移至 TiDB。D 公司的需求是扛住 1000TPS（每秒事务处理量）。由于其系统架构是一写多读的性质，现有的 Aurora 数据库很难突破这个瓶颈，而 TiDB 是多写横向扩展的架构，迁移至 TiDB 之后，TPS 轻松达到了之前的三倍。除此之外，TiDB 还解决了之前 Aurora 存在的性能问题，同时提供了更好的恢复性。

简单总结，除了基础技术、性能等关键产品特性能够满足海外客户的场景和需求之外，TiDB 还有另外几个吸引海外客户选择的因素。第一，TiDB 是开源的，有着活跃的开源社区；第二，TiDB 不是数据容器，客户的数据还是会存放在 AWS、GCP 等公有云上；第三，远程支持，不必依赖当地技术团队，可以有效解决部分地区人力成本高的问题。

PingCAP 高级副总裁申砾谈拓展海外业务的经验

PingCAP 一开始接触海外客户时，一般不是直接启动商务活动或者与对方老板接触，而是先与对方的开发者沟通。因为 PingCAP 的管理团队基本上都有很强的开发背景，所以他们很容易就能和开发者聊到深入具体的业务层面。这种方式类似于以架构师的身份做售前，先和客户的技术主管聊，或者和客户里非常资深的管理者聊技术。这个经验来自 PingCAP 对国内客户的服务，比如在某国有大型银行的汇报会上，PingCAP 工程师每次都会讲解产品的路线图，并说明自己从技术角度出发对商业的理解。

PingCAP 是真正从零开始拓展业务的，这个过程没有什么特别的秘诀，首先就是要足够专注，"既要、又要、还要"是很危险的事情。其次是要快、要高效。拓展海外市场的第一站是日本，工作人员一天从早到晚就拜访了七拨人，从约早餐到约午餐，下午再约两个交流。当时，整个做海外拓展的团队其实就两三个人，PingCAP 需要把整个团队的效率发挥到极致。

在做海外业务拓展时，PingCAP 一般首先会接触头部客户。头部客户有两个作用：第一个作用是能够形成灯塔效应，让客户的同行都知道 PingCAP 的产品。第二个作用是把头部的客户"拿下"，能够让 PingCAP 的整个产品能力、服务能力以及对市场的认知都提升一个段位。比如通过拿下北美头部支付巨头的订单，PingCAP 无论在产品能力，还是合规安全、整体服务水准上都有了大幅提升。之后，再用这支提升后的团队去拓展腰部客户时，我们的心里就比较有底了。在拿下这个北美支付巨头的订单前，TiDB 尽管也有一套安全机制，但整个产品安全体系还不够完善；而 PingCAP 甚至对如何服务一个美国的公有云客户、对隐私合规要求非常高的客户，其实并没有什么思路。对于 PingCAP 来说，有些部分处于相对空白的状况，反而给了 PingCAP 一个行业最佳实践机会。

通过以上方法，PingCAP 快速获取了海外客户的需求，并有效提升了产品和团队的整体能力。更为重要的是，PingCAP 快速地提升了相关市场知名度。

在这个过程中，开源社区也极其重要，甚至海外有些付费客户找到 PingCAP 的时候，已经把 TiDB 用在生产环境中了，进而想将 TiDB 用在更有挑战的核心业务中。有客户从拿到 PingCAP 的商务条款、谈价格到成交只花了两个月时间。

在合规性要求复杂的欧洲市场，PingCAP 也有布局。但相对于美国和日本这样的统一市场，欧洲市场的分区特性十分明显。PingCAP 的经验是，先拿下头部客户的订单再开始在当地建设团队。但拿下头部客户订单

> 其实也不容易。比如在海外某分享经济领域的巨头企业的案例中，该巨头的 CEO 有个朋友力挺 CockroachDB[1]，其本人也是很资深的技术人员。PingCAP 通过国内外团队的配合、快速完整的服务响应，打动了这位原本竞品的力挺者和客户，最终获得了订单。其实，CockroachDB 一直都是 PingCAP 在内部和外部都很尊敬的友商，创始人和管理团队在大量的场合都给予其高度评价。但在商业上，最终客户会选择谁，还是要看其对自身需求的满足度，以及是否具备全面服务能力，这些必须靠综合实力说话。

---

[1] 一个设计上与 TiDB 比较相似的数据库海外竞品。

第四章 社区之道

第一节
增长飞轮

> 如果源代码不是一条有竞争力的护城河，那么什么才是？答案就是：社区。
>
> ——彼得·莱文（Peter Levine），专注开源企业风险投资公司安德列森·霍罗威茨（Andreessen Horowitz）合伙人

开源作为一种先进的协作模式，正在全球取得越来越明显的竞争优势，尤其是在基础软件领域。越是通用性强的软件，开源的协作价值越大。但要真正把开源做好，仅仅将源代码开放出来，只能说是万里长征走完了第一步。从软件使用者的角度来看，开源并不是软件使用者考虑的唯一要素。换言之，没有人会只是因为软件开源而使用这个软件。任何人选用某个软件都是首先因为它能够满足自己当下的需求，并且它能够根据自己在使用中新产生的需求快速地反馈和迭代，在自己遇到困惑时能快速在社区、文档中找到解决方法。显然，仅仅开放源代码是不可能自然而然地实现这一切的。最大的开源项目集散中心 GitHub 上有一多半的项目处于无人维护的状态，试想，谁会放心把这样的项目集成到自己的关键业务中呢？所以，开源事业的真正活力，从根本上说来源于其背后活跃的社区。开源最重要的门槛不是代码，而是一个个积极参与的人。

从前面的讲述中读者不难发现，PingCAP 的诞生，其实是社区在先，企业在后。创始人结识于社区，首批员工招聘于社区，当然所有的产品也是早在正式的第一版定锤之前就已发布于社区、火热于社区。毫不夸张地说，社区点燃了 PingCAP 的星星之火，同时，也是对社区的不懈坚持才形成 PingCAP 今日的燎原之势。

在 PingCAP 的理解中，开源社区由产品（product）、用户（user base）和贡献者（contributor）这三大部分构成。显然，PingCAP 对开源社区的理解是广义的，它涵盖了开源活动的整个生命周期。这三个组成部分并非静态存

在，而是形成了一个不断循环转动的飞轮。简单地说，用户使用产品时的真实场景驱动了新需求的产生，社区齐心协力开发软件、维护文档以更新产品，更强大的产品又带来更多的用户和使用场景。这里面非常关键的一点是，大量的社区贡献者本身就是产品的直接或间接用户，他们拥有开发能力。而他们背靠的是基数更大的、对产品使用场景有着深刻认识但未必有能力直接进行代码和文档维护的用户群体，并和他们在社区中有着紧密的、端到端的接触。只要稍加思考就能明白，这样的飞轮每一次转动，带来的都是一次全面增长——场景更深广、产品更成熟、社区更壮大，所以也称其为增长飞轮（见图 4.1）。

增长飞轮运转的具体方式，首先是社区通过用产品（或项目）丰富、完善社区内容，定期举办各种活动、比赛等形式，吸引目标用户认识产品，并对其产生兴趣；之后目标用户可能会考虑这个产品是不是对自己有用，评估和衡量这个产品是不是适合自己的场景，然后决定使用该产品；当用户使用产品后，觉得不错就会自动分享出去。以 TiDB 为例，当企业用户把 TiDB 用在最核心的场景时，用户自然就会希望能对这个项目有源代码级别的把控，而 TiDB 的开源就成了一大优势。当企业为 TiDB 贡献代码，他的技术人员对 TiDB 有了足够的了解后，企业也会更紧密地跟 TiDB 项目绑定，该技术人员就会成为 TiDB 的布道师，甚至在团队内的其他业务上帮 TiDB 宣传，而不仅仅是传统的软件销售模式。这么一来，开源社区足够多的场景验证并推动产品研发往正确的方向迭代，一个更快速迭代和符合用户需要的产品又降低了大家采用它的门槛和成本，进而进一步促进用户数量的增长。

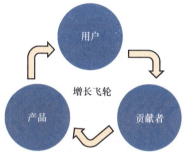

图 4.1 增长飞轮

开放的力量

在全球范围内，PingCAP 已经向包括中国、美国、欧洲、日本、印度、澳大利亚和东南亚等国家和地区的超过 2000 家企业或机构提供服务，涉及金融、运营商、制造、零售、互联网等多个行业。在最能体现企业技术研发能力的 GitHub 上，TiDB 目前已总计获得超过 32000 颗赞星，超过 1800 个开源代码贡献者，参与企业包括美团、知乎、伴鱼、丰巢、小米、微众银行、UCloud、Zoom、三星和 Square 等。

在图 4.2 展示的 CNCF 2020 年全球贡献度榜单中，PingCAP 排名第六，在国内企业中贡献度位列榜首——TiDB 已成为全球基础软件领域的知名开源项目。值得一提的是，那么多的 GitHub 赞星，没有一颗是 PingCAP 通过非正当的手段要来的。让社区成员发自内心的点赞，是对他们最起码的尊重，PingCAP 在这方面可以说是非常有原则。

	All CNCF Companies statistics (Contributions, Range: ...	
	All	3376415
1	Google	879850
2	Red Hat	491437
3	VMware	118552
4	Independent	87235
5	Microsoft	79446
6	PingCAP	51493
7	Huawei	49316

图 4.2　CNCF 2020 年全球贡献度榜单

在增长飞轮的三大要素之一——贡献者中，绝大多数是 TiDB 内核和工具的开发者。而像维护文档或是收集产品反馈这样的工作，往往也是由对应的代码作者完成的。

PingCAP 开源社区今天的繁盛，根本原因就在于一切都围绕着开发者展开，全心为开发者打造良好的社区体验，关注社区中每一个人的荣誉感和参与感。PingCAP 十分关注社区开发者的进阶和每个阶段能做的事情与遇到的障碍，并通过荣誉上的激励和组织建设，带给社区成员良好的体验，从而实现口碑的传播。社区为进阶的开发者准备了对应的荣誉体系，比如开发者在社区中可以沿着贡献者（contributor）、提交者（committer）和维护者（maintainer）的路径成长。同时，社区还让具有不同兴趣爱好的人能够在一个相对垂直的小组里面找到同好，也让彼此之间的协作更加紧密。

2021 年有个非常有意思的例子。在危地马拉的一所大学，有一个教授和他的学生是 PingCAP 的 Chaos Mesh[1] 社区中非常活跃的用户。他们在 GitHub 上做了一个非常有意思的项目，那就是通过构建一个分布式系统，来实时显示世界各地新冠疫苗接种的统计信息。Chaos Mesh 在这个项目里面保证了这个分布式系统的稳定。在看到这个项目之前，PingCAP 的一些同事甚至都不知道危地马拉是中美洲的一个国家，同样也不知道 PingCAP 创建的混沌测试项目 Chaos Mesh 能够以这种方式参与到全人类都关注的新冠肺炎疫情的相关工作之中，贡献自己的一份社会价值。

这恰恰说明了一个全球化的开放社区有多么大的延展能力，可以自发地延展到全世界的各个角落。开源社区跨越了国界和民族，在不断创新的同时又把成果再次贡献给整个社区，从而使得更大范围内的人能够受益，进一步形成正向循环。

通过课程培训体系打造智力高地

对社区而言，透明、公开、信任是基础。例如，在 TiDB 社区中，包括技术方案、社区决策在内的讨论都是公开、透明的，所有的内容都会通过邮件组 lists.tidb.io 进行展示及落地。TiDB 社区之前尝试过多种讨论的承载平台，包括 GitHub、Slack、微信群，最终还是坚持了国际通用的邮件组方式，因为

---

[1] Chaos Mesh 是一个由 PingCAP 开源的云原生混沌工程平台，详细说明见附录 B。

这种方式更利于异步工作以及讨论回溯。另外，为了降低参与门槛，TiDB 社区还会为贡献者们设计一些有针对性的课程，手把手地教大家学会开发和使用 TiDB，这些课程包括面向开发者的"人才计划"（talent plan），以及面向使用者的 PCTA、PCTP 培训等课程[2]。PingCAP 编制的 NewSQL 相关课程甚至还入选了威斯康星、普渡、卡内基梅隆大学数据库课程。

"人才计划"是非常有特色的一个 PingCAP 课程体系。2018 年，PingCAP 创始人团队的刘奇和崔秋一起去美国湾区（指旧金山湾区）参加了一个数据库行业会议。他们注意到一个令其印象深刻的现象，参加会议的很多人是从教育界和学术界来的，包括一些教授、讲师甚至博士生。他们发现，这些人的理论水平、科研水平、工程水平都很高，这件事情对他们触动很大，于是回国后他们敏锐地做出决定，要跟高校开启一些科研合作。这就是前面提到过的"人才计划"的缘起。如果想要将学术界与工业界连接起来，"人才计划"就是那座桥梁。这个出发点在国内是首创，这也是开源精神的延伸。

之后，"人才计划"的发展超出了 PingCAP 最早的构想。除了第一批参与的华中科技大学，来自其他 200 多所高校的学生都开始学习"人才计划"，这里面包括 50 所国外高校。"人才计划"包含基于 TiDB 产品的实际开发项目"人才挑战项目"（talent challenge program），学员需要通过"人才计划"作业验收，即在 PingCAP 产研工程师的指导下，完成跨度为 1 ~ 3 个月的 TiDB 实际开发工作。对于高校应届毕业生来说，这是极好的实习机会。

在"人才计划"中，涌现了一批表现杰出的学员。

作为高三就提交过 Linux 核心代码，并给许多著名项目，包括 Chrome 和 Firefox 都提交过补丁的人，王贺谈到在 PingCAP 收获的经验时说，他最大的收获在于协作经验。TiDB 的测试很完整，是他接触过的第一个有跨项目测试和集成测试的大型项目。他给予后来者的建议是："贡献最开始的一段比较困难，可能刚进入社区还不熟悉流程，但只要坚持下去，就会豁

---

[2] PCTA：PingCAP 认证 TiDB 数据库专员；PCTP：PingCAP 认证 TiDB 数据库专家。详见附录 B。

然开朗。**在参与的过程中一定要撸起袖子亲力亲为，观望不如动手，实践出真知。**"

而另一位首期"人才计划"学员马钰杰也有类似的经历，他是因为想学习 Go 语言，结果无意中在 GitHub 上发现了 TiDB 的文档和源代码阅读活动，这让他受到鼓舞并报名参与。他记得第一个 PR[3] 是 execution（执行）向量化的活动。当时他觉得学习的门槛不高，正好那段时间有易用性挑战赛，就尝试参加了。最开始的时候马钰杰会有点手足无措，不知道如何提交 PR 才能被采纳。不过社区小伙伴都很耐心，马钰杰逐渐地适应了贡献流程。

提到困难时，马钰杰回忆道："有一个 PR 我断断续续做了很久，优化灵感的来源是一篇论文，我先花一个月时间看完了论文，然后再花一个月时间看 TiDB 代码，研究怎么修改才能达到论文说的效果。难点在于这个 PR 有很多优化的小点，把所有优化点都做完，整个战线就需要拉得很长。但在这个过程中，解决掉的一个最困难的点对执行器优化巨大。这个点就是引入了滑动窗口的优化，它使得某些常用窗口函数的计算效率提升了 10 倍。这个结果让我很满意，觉得自己的贡献很有意义。"他给予所有社区参与学员的建议，尤其是初学者的建议非常直接，就是"**不要害羞**"。

开放心态、持续成长

PingCAP 开源社区中当然也有来自五湖四海的大量国内贡献者。他们从在校学生到资深开发者都大有人在。但无论来自哪里、是什么身份，他们在 PingCAP 社区中都经历了从贡献第一行代码，到提交第一个 PR，直到成长为 Committer（提交者）及以上级别的发展阶段。而成长为 Committer 及以上级别的人中，更是人才济济。

来自上海交通大学计算机系的"迟先生"，从小学三年级开始写代码，初

---

[3] Pull Request（拉取请求）的简称。在给别人的开源仓库贡献代码时，通常先 fork（派生）别人的项目，然后在本地修改并提交到个人的 fork 仓库，最后提交 PR 等待别人合并代码。

三时拿了全国青少年信息学奥林匹克联赛提高组的一等奖。升入高中后的迟先生开始了工程上的实践，学习了前端、后端的大量知识，用 Python、JavaScript 等写了很多好玩的小程序。到了大学以后，他用一年半的时间学完了麻省理工学院的 MIT 6.828、MIT 6.824 和卡内基梅隆大学的 CMU 15-445 等硬核课程，并且数据结构、操作系统、计算机系统结构、计算机组成、计算机网络等核心专业课都拿到 A+ 的成绩。随后，他在大二下学期加入 CNCF 的 TiKV 社区进行开源贡献，在大三时加入 PingCAP 实习。他身上有一个耀眼的光环：CNCF TiKV 项目有史以来最快晋升为 Committer 的开发者。

他觉得，要参与开源社区，**首先要做的是找到自己感兴趣的方向**，然后选定一个自己稍微努力一点就可以够得着的那种水平的开源社区。选定了这么一个社区之后，就可以参与进去。参与时与社区里面的人沟通是非常重要的一件事，比如说社区里面有些什么想法，或者说其他的开发者是怎么想的。这样可以慢慢清楚自己具体在什么地方可以努力，就可以去实现一些比较大的功能特性（feature），或者做一些比较大的改进，这样一来就可以明显地提升自己的能力。

基于对自身兴趣和水平的准确评估，迟先生选择了从 TiKV 的 coprocessor（协同处理器）模块入手，并很快做出了可观的贡献。后来，他还选择了更加接近计算机底层原理的存储引擎进行研究，参考 BadgerDB 使用 Rust 实现了著名论文 *WiscKey: Separating Keys from Values in SSD-Conscious Storage* 的构想，开发了一个高性能的存储引擎 AgateDB。现在，AgateDB 正作为 TiKV 的实验性引擎处于持续的开发阶段，已全面开源。可以看出，这样的硕果，正是不断浇灌兴趣之花所结成的。

同样从 TiKV 的 coprocessor 模块入手提交 PR 的，还有连续创业者聂殿辉。他对创业有如此的理解："压力确实很大，神经一直比较紧绷，有一种责任在肩上。创业的时候不仅仅需要把自己的技术做好，还要考虑自己做的东西是不是对社会有价值、有帮助，同时也希望在这个过程中自己对团队的成长有帮助。虽然最后创业没成功，但我对责任的理解更加深刻了。"所以，在看到 PingCAP 这样一个创业公司时，他也别有一番感受。他觉得 **PingCAP 做开源有一种使命感，是非常彻底的开源**。从他知道 TiDB 开始 PingCAP 就一直在开源方面做各种各样的尝试，同时也很重视技术输出，无论是相关数据库领域还是更外围的技术领域，都能看到 PingCAP 的员工在努力分享和传授知识。

聂殿辉认为，**开源不仅仅是在技术上开放源代码，更是一个分享的态度、一种沟通方式**。之前他会读别人的源代码，后来看了《大教堂与集市》才开始明白原来开源是这样的。开源项目和公司内部开发会很不一样，像 Linux 一样，组织好一群人用很好的沟通方式把一件事做好，才是很有意思的事情。

聂殿辉对 TiDB 社区的整体印象用一句话概括就是：**很专业，又很有人情味**。专业是因为社区很系统，活动很丰富，感觉 PingCAP 投入了非常大的精力在社区，像挑战赛、捉虫竞赛等，都很有人气。人情味是因为他最开始看 TiKV 代码复审指南里提到一些要求，比如如果发现提交 PR 的人掌握的知识不如你，也需要有一些耐心，让人觉得你很专业又很有耐心。对参与者非常友好，审阅的环节很顺滑，对新手来说就很容易有一个切入点。

聂殿辉对人情味的感受还来自一次线下见面的经历。有一天他突然收到 PingCAP 的一个小伙伴的信息："看你人在上海，我也在上海，约吗？"就是这么直白！于是他们约在 PingCAP 上海办公室楼下的咖啡馆见面，并很详细地讨论了 TiKV 的模块，让他对 TiKV 的了解又更多了些。再后来，聂殿辉一点一点写的函数被 PingCAP 的首席架构师唐刘发现了，唐刘就鼓励他说"不要老写简单的啦，来写难一些的呗"。受此激励，聂殿辉慢慢开始上手做了一些阶梯任务，比如实现 TiKV 的列存格式的特性，后来他也开始参与社区的性能挑战赛和易用性挑战赛。

从 Contributor（贡献者）到 Reviewer（审核者）的进阶，聂殿辉感觉还是比较轻松的。进阶到 Committer（提交者）之后就会有一些压力，因为这个角色对项目的理解需要更深入，聂殿辉也希望之后可以花更多时间去了解 TiKV。**参与得越多，他越觉得代码方面不是问题，对项目的整体把握才是最**

考验人的。

的确如此，除了细部的代码提审，项目整体的治理架构更是非常重要，是考验社区是否在宏观上处于健康状态的重要部分。PingCAP 在开源项目治理过程中借鉴了很多优秀开源社区的项目治理经验，比如 Apache 社区、Kubernetes 社区、Linux 社区等，但是在面对国内开发者群体时，还是会根据国内人群特有的习惯来做一些本地化。比如 PingCAP 对社区人才进行分类，建立官方技术培训平台、社区用户问答平台、社区内容平台，通过与企业合办活动等方式进行赋能与激励。PingCAP 把社区治理的权利交回给社区，目标是打造一个自治、活跃、全球化的数据库与大数据技术社区。

在 PingCAP 的社区治理实践中，发生过一件很有意思的"Xuanwo 事件"。

2020 年 9 月，Xuanwo 通过参加 CNCF Community Bridge 项目与 TiKV 结缘，年底就成为 TiKV Reviewer。他也是一个开源的跨云数据服务 Beyond Storage 的发起者和运营者。

2021 年 2 月的某天，Xuanwo 在某个仓库下面提交了一个三行的 PR，可能由于功能比较边缘，20 多天过去了一直没有人合并。后来，PingCAP 的工作人员也发现了 Xuanwo 发现的问题，也提了一个 PR 并且马上就被合并了。然后，Xuanwo 的 PR 就被关闭了。当时 Xuanwo 就在贡献者群里面，他反映了这件体验不好的事情。或许因为自己也在运营一个开源社区，所以 Xuanwo 对这类可能会暴露社区治理方面问题的事情很关注，遇到这件事第一时间反馈给了 PingCAP。

事件发生后，PingCAP 的运营经理立即了解情况，进行复盘。从技术上，PingCAP 优化了复审流程、规定了响应时长并改进了冲突优先规则。这样的处理结果让 Xuanwo 比较满意，他说："因为我自己本身也在运营开源社区，就在观察其他的开源社区，PingCAP 作为一个历史还没有那么久的公司，运营一个还不超过 10 年的项目，出现这种情况其实很正常。核心在于社区，以及社区背后的商业公司怎么去看待这个问题。有的公司会觉得这不是一个问题，也不去做改进，可能就只是在 PR 下面回复一下说非常抱歉之类的。有的公司可能会想办法去改进，**来避免这样的事情发生**，我觉得 PingCAP 的处理很有诚意。"图 4.3 展示了"Xuanwo 事件"中 GitHub 的原始内容和讨论时间线。

图 4.3　"Xuanwo 事件"中 GitHub 的原始内容和讨论时间线

"Xuanwo 事件"体现出 PingCAP 社区重视每一个个体，任何一个开发者与 PingCAP 员工在社区中都是平等的，在社区贡献的规则上没有厚此薄彼。在遇到问题和质疑时，PingCAP 也不会回避，而是以公开回应和迭代进化的方式直面与改正。

增长飞轮不会自然而然地转动起来，并且增长循环也不可能不经过努力就能实现并一直持续下去。每一个亲自参与过社区建设的人，都明白这背后要付出怎样的艰辛。在 GitHub 上，每天都会有成千上万个开源项目开发者带着雄心与梦想而来，但同时也有数量相当甚至更多的开发者挫志灰心而去。一个成熟的、发展的社区，表面看来由亿万次代码与文档提交和沟通组成，但每一次提交和沟通的背后，都是一个活生生的人在用心用意。开源的魅力，就在于能够组织起这来自全球各个角落的心智，所有贡献者向着统一的目标不断前进。这些都离不开人们的用心和不断的投入。

开源项目发展中的死亡之谷

开源软件的生命周期如图 4.4 所示。图中断层出现的原因是产品成熟度迟迟没有跟上，用户用过以后发现都是坑，随之而来的各种差评会让早期的支持者和创始人疲于奔命，甚至失去兴趣。对开源项目而言，断层可能表示经历早期快速增长后，项目来到长达 1~2 年的静默期，增长几乎停滞。社区几乎将所有的精力都用在给早期用户填坑上，其间会有用户量的自然增长，但流失率也非常高。这个阶段资源的消耗非常大，社区的核心贡献者也会非常累，如果熬不过去就会凋亡，故称为"死亡之谷"。

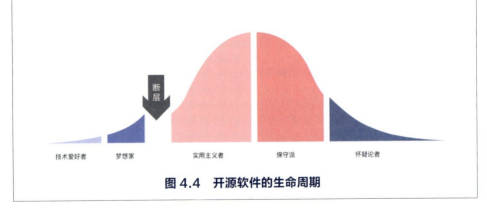

图 4.4　开源软件的生命周期

但开源社区一旦"跨"过了死亡之谷，便开始持续发展壮大，其作用就变得无可替代。2020 年 GitHub 开发者的数量达到 5600 万，预计 2025 年将达到 1 亿。开源社区通过建立社交网络，吸引了潜在人员，有效增加了工程师群体的数量。最后，开源社区推动了国内外协同发展。开源社区模式有效地将国内的场景优势和工程师优势与全球的开源运动进行结合，调动全球开发者参与。一方面，我国拥有最大量的市场跟用户，互联网场景在并发性和复杂性上均高于全球平均水平，对产品的打磨可以帮助产品迅速契合全球化的需求；另一方面，具有挑战性的技术问题也能吸引来自全球的优秀工程师参与到项目中来，进一步加强项目开发者的实力。

除了日常开发，PingCAP 社区还通过举办 Infra Meetup、性能挑战赛、黑客马拉松（Hackathon）以及 DevCon 技术峰会和 TUG（TiDB User Group）企业行等多种形式的技术活动最大程度上促进产品、用户、贡献者之间的交流，进一步为增长飞轮打造一个"加速引擎"。这些内容会在后文展开介绍。

第二节

"黑客马拉松驱动的公司"

把时间拨回到 2015 年甚至更早，PingCAP 的几位创始人举办了第一次 Infra Meetup。活动在一个很破的小房间举行，只有两个人参加，内容是读 F1 数据库论文。这个画面想想都让人觉得不免有点滑稽，一群不太讲究穿着、口音天南海北的大老爷们，在白板上写写画画，争论一些在外界看来有如天书的代码或流程图。然而，就是这样的 Meetup（聚会），PingCAP 坚持了六年多，举办了两百多次，参与者从两个，一点点地增长到了几十个、上百个，从几个铁杆变成时不时有业界大牛现身，从研读论文到 TiDB 悄然问世，再到提出具体或抽象、复杂而有趣的各种现实世界中的工程问题。直到今天，聚会依然以每两周一次的频率，灵活采用线上和线下的形式举办，不断将新的产品技术与用户社区及企业用户进行交流，而技术话题可以持续吸引各个行业的技术爱好者，如今 Infra Meetup 已经成了 PingCAP 举办的最高频技术活动。

火种就是这样被点燃的，没有什么虚头巴脑的内容。你对数据库技术感兴趣吗？有见解吗？想做事吗？那你就来。你的亲戚、朋友、同事也和你相似？那就邀请他们一起来。搞技术的人非常实在，一块白板，几台计算机，免费 Wi-Fi，一些零食饮料，大家讨论完再聚个餐谈天说地。逐渐地，有些人感觉不来讨论就浑身不舒服，像是追剧错过了一集。有些人感觉自己有必要投入更多时间和精力，索性直接投来简历……这就是社区的原力觉醒，是充分的技术交流让社区始终充满活力。

近年来很多科技公司会发起和组织一种编程比赛活动，叫作黑客马拉松（Hackathon），PingCAP 也不例外。在此类活动当中，程序员以及其他与软件开发相关的人员，如图形设计师、界面设计师与项目经理相聚在一起，在 48 小时内以紧密合作的形式去开发软件项目。

来听听 PingCAP 的 CTO 黄东旭是如何理解黑客马拉松的。

"黑客马拉松可能给了我们一个机会，因为天天都在 PingCAP 里面工作，可能会局限在内部的视角，导致我们自己的认知都是看着手头上这一亩三分地得来的。所以黑客马拉松是一个非常好的机会。第一，它让你得到很多思路，你能在短短几天之内感受到很多奇思妙想；第二，这些奇思妙想不需要写单元测试，不需要代码互审，能快速地实现出来。对我来说，黑客马拉松能让我看到更多可能性，同时在探索这些可能性上迈出第一步。在过去，确实有很多创意是在黑客马拉松生根发芽，最后在产品中落地。比如说两年前的一等奖作品，一个线程池项目，做了一个异步的框架，最后就合到了 TiDB 的主线里。我希望通过这个活动，第一，让我们看到更多可能性，拓宽视野；第二，可以让我们对这个社区更加有信心。"

总结起来，第一就是要不设限，尽情发挥创意，但敢这么做又能不发散，可见是功夫下在了平时，文化渗透到了每个参与者的自觉性里；第二，用心关注、吸收，为优秀的创意鼓掌。PingCAP 在和大家一起倾听和思考，彼此想法的碰撞让社区感受到了大家对技术的热爱和纯粹的创造之乐，也增加了对彼此的了解和信心。

TiDB Hackathon 年表

首届 TiDB Hackathon 于 2018 年 12 月 1 日在北京总部开启，图 4.5 展现了 TiDB Hackathon 2018 的参赛现场。以 "TiDB Ecosystem"（TiDB 生态系统）作为大方向，参赛者围绕 TiDB 及其周边生态实现自由选题，22 支参赛队伍经过两天一夜的疯狂竞技，最终有 6 支队伍杀出重围，赢得大奖。短短 48 小时，人们见证了将外部数据源以流式表的方式硬核扩展的 TiDB Batch and Streaming SQL、能让 TiDB 访问多种数据源的 CC、为开发者提供了方便查询 Region（区域）历史的可视化工具 TiEye、在 SQL 环境中的完整诊断工具 TiQuery。在这些项目中，PingCAP 团队惊喜于技术所散发的魅力，也看到了通过黑客马拉松社区项目衍生出更多的可能性。TiDB Hackathon 从第一次举办开始，就一跃成为 TiDB 社区最硬核的保留项目，备受大家期待。

图 4.5　TiDB Hackathon 2018 的参赛现场

2019 年 10 月 26 日，第二届 TiDB Hackathon 再度开启。相比第一届 TiDB Hackathon，大赛选题更加广泛，并弱化了地域限制，大赛在北京、上海、广东三地同时举办，吸引了各地的程序员，比赛中可谓大神云集，精彩非凡。经过两天一夜的比赛，三地共 39 支队伍在长达 7 小时精彩的产品演示中，针对 TiDB 的性能、易用性、稳定性、功能及周边工具献出无数的好点子，用社区的力量为 TiDB 装上更多的"强力插件"。图 4.6 所示为 TiDB Hackathon 2019 的获奖者。

图 4.6　TiDB Hackathon 2019 的获奖者

2020 年 12 月 25 日，第三届 TiDB Hackathon 开启，主题直接变成 "∞"（见图 4.7），参赛项目要求围绕 TiDB 组件或 TiDB 生态周边（TiKV、Chaos Mesh 等）进行创作，参赛者用最硬核的技术和最炸裂的创意为

TiDB 创造了无限可能。

图 4.7　TiDB Hackathon 2020 的主题

最近的一届 TiDB Hackathon 2021 在 2022 年 1 月刚刚落下帷幕，PingCAP 首席架构师唐刘兴奋而自豪地说，"最开始我还担心，已经举办这么多届，今年 TiDB Hackathon 还有啥东西能出来？结果却大大超出我的预期，很多项目真的只能用'惊艳'来形容。"

TiDB Hackathon 2021 的主题为 Explore the Sky（探索无限），本届对赛道进行了全面升级，开辟出内核、工具、生态、∞ 四大赛道，参赛者不论是数据库开发者、数据库上下游生态工程师，还是数据库的使用者，都可以找到适合自己的领域，围绕 TiDB 探索无限可能。这届共有 279 人、64 支队伍参赛，有来自腾讯、华为、网易、美团、字节跳动、京东、滴滴等企业的上班族，也有来自北京大学、北京邮电大学、上海交通大学等高校的学生。

从创意到产品路线图

参加过历史上每一届 TiDB Hackathon 的"元老级"选手王鹏翰曾说，"TiDB Hackathon 非常符合我对黑客马拉松的想象。首先，黑客马拉松必须要很酷，其次就是给参赛者充分自由的环境。PingCAP 作为主办方，提供了非常舒适的环境，让我们在一个周末里放飞自我，实现自己觉得非常酷的想法"，可见鼓励开放思维的精神最能打动人。同时，王鹏翰坦言 2016—2018 年黑客马拉松还是比较火的事情，人们组织、参与黑客马拉松的热度很高，但最近几年能坚持组织黑客马拉松的机构所剩无多，TiDB Hackathon 俨然成为他心中的技术春晚。

来自腾讯云的研发工程师杜川，参加过三届 TiDB Hackathon，第一次参加就获得了一等奖，可谓是"惊艳亮相"。那次他做的项目是 TiDB Batch and Streaming SQL（简称 TBSSQL），相当于在 TiDB 的 SQL 引擎里做一个流式的 SQL 语法，这放在现在也极具前瞻性。

第二次参赛他做了一个 TiDB 全链路监控的项目，后来 log 和 metrics 部分都在 TiDB 中落地了。第三次参赛他是和刘奇组队，做了基于 *From WiscKey to Bourbon: A Learned Index for Log-Structured Merge Trees*（《从 Wisckey 到 Bourbon：LSM-Tree 的习得索引》）的实现，但是由于项目过于硬核，与奖项失之交臂。

同样参加过三届 TiDB Hackathon 的还有孙晓光。之前在知乎的时候，他通过大幅改造 TiKV，发展出了很多令人意想不到的用法，而且特别实用。比如 2019 年的 TiSearch，为 TiDB 引入了 Fulltext Search 的语法，可以使用 Elastic Search 当 TiDB 的数据索引。这个项目也是开了 CTO 特别奖的先河。2020 年的参赛项目是 T4，为 TiDB 引入 TTL（生存时间）表，让 TiDB 能够利用时间维度对数据进行自动化的生命周期管理。

来自 PingCAP 的 Chaos Mesh 开发工程师周志强参加过两届。2020 年非常酷炫的 TiDB 驾驶舱项目就是出自他手。他提前一年预测到了元宇宙的爆发，还非常超前地想象了元宇宙世界里 TiDB 的 DBA 的工作模式。虽然项目最终没得奖，但气氛一度非常欢乐，这一项目也永久留在了 TiDB Hackathon 的历史之中，读者可以看图 4.8 感受一下。

图 4.8　周志强的参赛项目

2021 年，来自 APISIX 的研发工程师屠正松虽然是第一次参赛，但之前一直在关注 TiDB 社区。屠正松参赛的项目是使用 TiDB 作为 Apache APISIX 的配置中心，顺利的话未来其他使用 etcd 作为控制面的项目也都将可以使用 TiDB 作为配置中心。

你已经体会到了吧？TiDB Hackathon 一贯的风格就是无限创意，有任何好的想法都可以动手实现，甚至有评委惊呼 TiDB Hackathon 这么一年一年做下来，好做的想法肯定都会被做完，这迫使以后的选手要想在赛事里脱颖而出，就得有更加硬核的想法！

有一些项目甚至会跨越几届 TiDB Hackathon 做迭代和打磨，比如图数据库方向的 TiGraph 和 TiMatch，就分别来自两届 TiDB Hackathon，体现了一个渐进探索的过程。图数据库一直是业界的热门话题。它具有用于语义查询的图形结构，使用顶点、边与属性来表示和存储数据，支持对在关系数据库系统中难以建模的复杂层次结构进行简单快速的检索，优雅地解决了传统关系数据库在针对复杂关系或多表连接情况运行结果时经常出现的性能或故障问题。2020 年参赛的 TiGraph 项目留下了一些遗憾，比如图查询语言不完备，没有接入 TiKV 存储引擎等。在 2021 年 TiDB Hackathon 赛事中 TiMatch 赛队的任务就是基于 TiDB 和 TiKV 设计语法完备的分布式图数据库雏形，继续探索在 TiDB 之上构建一个成熟且易于使用的图数据库的路径。

同样，也有参与了数届 TiDB Hackathon，从非内核赛道进入内核赛道者，比如 He3 团队。2020 年他们首次参加 TiDB Hackathon，因为刚接触 TiDB，并没有碰内核。当时他们心中就埋下一个想法，下次参赛一定要做够硬的项目。这也是薛港在毕业后就给自己树立的目标——做数据库内核，并认为这是一件很酷的事情。于是在 TiDB Hackathon 2021 比赛中，He3 选择了最硬核的赛道——内核组。

TiDB 在使用过程中，随着用户数据量的持续增长，存储成本在数据库总成本中的占比将会越来越高。如何有效降低数据库存储成本这个问题摆在了许多用户面前。在众多解决方案中，有一个方案是实现冷热数据分层存储。在绝大部分场景中，数据其实可以分为"冷数据"和"热数据"。数据可以根据时间远近、热点/非热点用户等进行划分。用户通常只访问一段时间之内的数据，例如近一周或一个月的。如果数据不做划分，必然会导致一定程度上的性能、成本损耗。

He3 团队选择了冷热数据分层存储来降低 TiDB 的存储成本。他们在设计中将热数据存放在 TiKV 上，将很少概率会进行查询分析的冷数据存放到便宜通用的云存储 S3 上，同时使 S3 存储引擎支持 TiDB 部分算子下推[4]，实现 TiDB 基于 S3 冷数据的分析查询。这个项目获得了评委的一致好评，力夺 2021 年赛事的一等奖。

值得一提的是，在 2021 年 7 月份的 Hacking Camp 中，He3 就曾基于 TiDB 实现了提供 Serverlessdb 服务的 Serverlessdb for HTAP 项目。用户在使用 TiDB 时可以按使用量付费，不用再像传统 RDS 需要包年包月，大大降低了用户使用 TiDB 的成本。该项目也因此获得了 Hacking Camp 优秀毕业生和最佳应用奖。

Hacking Camp 可以看作是 TiDB Hackathon 的延续，在 TiDB Hackathon 比赛过程中，有一些比较复杂的项目没有来得及充分完成，Hacking Camp 就是为这些项目提供更长期的支持资源来帮助项目继续成长的。

关于 2021 年的 TiDB Hackathon 以及未来，黄东旭这样说："TiDB 已经到了一个时间点。它已经超出了技术本身，有无数人在用，它开始拥有自己的工具生态。我们观察到很多用户和公司，为了让自己更好地使用 TiDB，发明了很多很有意思的周边工具，甚至一些看起来非常接地气、非常实用的东西。所以，我们希望大家能够不设限地想一些更接地气，帮助大家可以更好体验 TiDB 的项目，而不是让大家的目光都局限在内核本身。这也说明 TiDB 到达了一个新阶段，开始强调产品化、应用性，强调整个用户的体验，我也想通过本次 TiDB Hackathon 给社区传达这么一个信号。"

---

[4] 下推是一种数据库管理系统优化查询性能的方式，可减少后续计算处理的数据量。

而 TiDB Hackathon 评委、华创资本合伙人谢佳也深有感触地说："这次是我头一次深入参与 TiDB Hackathon，**参赛项目的创新性和参赛队伍的投入程度远超我的预期**，大家真的玩起来了，当国内优秀互联网企业的工程师和印度的、北美的工程师都积极加入生态里面来玩，就很有趣。这次对于我来讲也是一次难得的理解 TiDB 生态的两天，在我看来很多项目都值得继续投入精力，现场演示成果也是非常有感染力，我很欣赏这种 bottom-up（自下而上）创新的活力。因为**生态和平台是生长出来的，是规划不出来的**。"

难怪 PingCAP 被很多人戏称为"黑客马拉松驱动的公司"，它不仅是社区成员极客精神的一个缩影，也为产品开启了无尽的创意源泉。

TiDB 性能挑战赛

除了 TiDB Hackathon，TiDB 社区还有一项广受开发者欢迎的活动——TiDB 性能挑战赛（Performance Challenge Program，PCP）。挑战赛由 PingCAP 发起，旨在激发社区创造性，参赛选手可以通过完成一系列的任务提升 TiDB 产品的性能。首届赛事于 2019 年 11 月 4 日正式开启，持续三个月，比赛任务分为三个难度：Easy（容易）、Medium（中等）、Hard（高难），不同难度的任务对应不同积分，参赛选手获得的积分可以兑换 TiDB 限量周边礼品等丰富的奖励。

首届性能挑战赛一推出便吸引了 156 位贡献者报名参赛，总共完成了 147 项挑战任务。这些任务成果最后都逐步落地到 TiDB 产品中，如 TiDB 表达式框架实现了超过 70 个函数的向量化；TiKV 协处理器实现了超过 40 个函数的向量化，其中 34 个函数已在 TiDB 开启了下推，让下推的函数计算速度大幅提高。

一个全球化的开放社区有着非常强大的延展能力，它能将来自全世界各个角落的开发者、贡献者连接在一起。

第三节

企业场景和企业贡献者

产品只有快速迭代才能保证其持续领先性，从 TiDB 的历年产品代码迭代统计图（见图 0.2）可以看出，TiDB 每年会进行超过 40% 的代码更新，**而这些代码的 40% 是由外部贡献者贡献的**（见图 4.9）。这个比例对于一个基础软件产品是非常惊人的数字。其中，有大量贡献者来自全球各大企业。它们中既有国内的知乎、小米、美团、一点资讯等，也有国外的 Databricks、Facebook（现在的 Meta）、韩国三星经济研究院等。用 CEO 刘奇的话说，"最厉害的产品一定是全球在用的"。坚持全球化的技术视野、坚持开源战略，携全球的人才和全球的场景去竞争，这是让 TiDB 在新一代分布式数据库领域全面领先的根本保证。

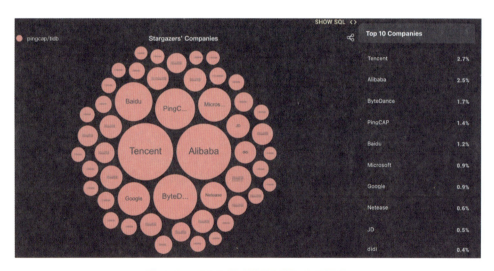

图 4.9　TiDB 的外部贡献者（公司）

由于贡献者所在的企业通常也是 TiDB 的重要用户，他们在更大的广度和深度下使用产品，因此对产品的要求通常也很高。而开源社区相较于闭源软件而言，提供了一个更为开放、直接和高效的反馈方式：企业使用开源项目，同时也根据自身的实践提出需求、漏洞乃至直接的代码和功能改进，以贡献者的身份参与共建，与开源项目一起成长完善、实现产品能力打磨。

外部贡献者的参与，加速了开源项目的成长，同时也让更多有相似需求的用户受益，这样的用户多了，自然所有用户都能从快速成长的开源项目中获得收益，也让增长飞轮变得更健壮，以闭源商业软件所难以望其项背的迭代效率推进产品改进的飞轮循环。

知乎：从用户到共建者

知乎是中文互联网高质量的问答社区和创作者聚集的原创内容平台。截至 2020 年，已有超过 4000 万名答主在知乎创作，全站问题总数超过 4400 万，回答总数超过 2.4 亿，同时还沉淀了数量众多的优质专栏、电子书以及其他付费内容。

这些万亿量级的业务数据对知乎的数据中心，尤其对其实时、可靠且高效地存储和查询已读数据的功能提出了诸多挑战。知乎内部一直以来都鼓励拥抱开源，并基于大量开源组件搭建了知乎的技术架构，这与 PingCAP 所坚持的开源文化不谋而合。

早在 2018 年，当时还是知乎技术平台团队负责人的孙晓光就曾为 TiKV 提交 PR 并成为 Contributor（贡献者）。当时，他在为内部开发的业务系统选择合适的存储后端时，为 TiKV 增加了一些批量操作接口。PR 提交后，PingCAP 首席架构师唐刘很快就跟他取得了联系，在随后的交流中帮助他快速完善了 PR，最终将其合并到了 TiKV 的主干代码中。

孙晓光回忆道："虽然以往以零散的方式给很多开源项目提交过补丁，但这次的体验是完全不同的。PingCAP 和社区伙伴们热心的帮助和鼓励，让我切身感受到了活跃的开源社区所具有的独特魅力。"随后，他又陆续为 TiDB 相关的项目做了不少贡献，并得到了大家的认可，成为 TiKV 项目的 Committer（提交者）之一。

知乎在首页个性化内容推荐的核心场景采用 TiDB 来承载海量用户的并

发访问与个性化内容推荐，更多的是站在用户的角度从开源社区汲取养分。随着知乎规模的扩大和内部工程能力的提高，在孙晓光的推动下，知乎作为一个机构也希望能够以更加积极主动的状态参与开源项目，回馈社区。

2019 年，知乎和 PingCAP 首次联合开发了 Follower Read（读从副本）功能，这是知乎第一次以贡献者身份参与 TiDB 社区建设。

Follower Read 是一种涉及 TiDB 底层投票机制的对读取数据操作过程的重要优化，能够极大地优化热点场景下的操作性能，改善互联网应用的响应，这在知乎这样体量的应用中发挥的作用十分关键。Follower Read 的实现思路在 PingCAP 的工程规划中已经存在很久，CTO 黄东旭曾经专门写过技术文章剖析其实现原理。但出于各种原因，这个特性的优先级一直不够高，没能排到开发计划中。年中的时候，知乎开始尝试在更广泛的业务中引入 TiDB，但在灰度测试中遇到了某些特定工作负载下 TiDB 表现不够理想的问题。分析下来，极有可能是因为 TiDB 的读写操作都交给 Leader（主节点）完成而未实现 Follower Read 功能，形成了吞吐的瓶颈点。

于是，在厘清思路后，知乎正式同 PingCAP 的工程师做了几次交流并达成一致，决定通过 Follower Read 的方式来解决业务场景中极端热点数据访问的吞吐问题。在实际需求的驱动下，PingCAP 的工程师将 Follower Read 相关特性的优先级提高，快速确定了相关功能的技术方案并启动了 TiKV 层的开发工作。**而作为 Follower Read 功能的需求方，知乎负责这个需求在 TiDB 层的落地工作。**

PingCAP 工程师用了大约两周的时间完成了 TiKV 层 Follower Read 整个功能的开发测试，并将其合并到主干分支中。**随后知乎就开始了 TiDB 层对应功能的开发，并在 PingCAP 小伙伴们的帮助下完成了主干分支合并**。作为知乎和 PingCAP 两家公司第一次联合开发的成果，该功能的落地对于双方都有着重大意义。

2020 年，随着 TiDB 4.0 发版，知乎与 PingCAP 继续加深合作，在数据智能化处理与实时化服务层面进一步优化用户体验。此外，双方还进一步拓展合作的广度和深度，其中包括：在产品与技术层面，共同致力于分布式系统的前瞻性研究合作，以及应用场景的不断延伸与优化；在社区与内容层面，开展专项协作开发，加大对基础设施领域优质技术内容的引入，加深开源技术在国内数据库领域的布道和传播；在人才培养层面，PingCAP 基于 TiDB 的"人才挑战项目"为知乎输送了一批专业化的 DBA 和研发人才。

与知乎的合作，是 PingCAP 引以为豪、经常对外介绍的经典案例。几万亿条数据存在于单个集群中，这是罕见的应用场景。有一次，PingCAP 研发人员与美国客户交流时，对方说中国不可能做到一个集群万亿条的数据。研发人员当即反驳道："我们做到了，知乎就是现实的例子！"

知乎从用户到共建者的身份转变，是一场双赢：TiDB 在知乎的场景下获得了应用场景和宝贵经验，知乎技术团队也在社区获得了技术能力的根本提升，使得 TiDB 可以更好地服务于知乎的业务需求。

小米：深度参与工具建设

2020 年 8 月 16 日，小米宣布正式开启新十年的创业者计划。次月，云平台部门的数据库与存储团队启动了 TiDB 项目，作为团队在小米新十年中的第一个三年规划。图 4.10 展示了小米参与贡献的 PingCAP 项目。2021 年 1 月，TiDB 产品正式在小米的内部私有云上线，落地各项业务。经过一年左右的发展，TiDB 在小米已经部署了 20 多个集群，TiKV 节点达到了三位数，覆盖的业务场景包括电商、供应链、大数据等，业务线也涵盖了零售中台、小米有品、智能制造、代工厂和门店等。

但是小米接入 TiDB 的过程也并非一帆风顺，在对接部分内部工具时，会有不兼容的情况发生。比如，为了对接内部消息队列，小米建了一个 TiCDC（一种 TiDB 的增量数据同步工具）的内部分支版本和 Drainer（TiDB Binlog 的一个组件）的内部分支版本。当然，后续这些分支版本也逐渐地合入了主干，不仅适用于小米，也解决了其他用户的适配问题。还有一些硬件出现过反直觉的情况：某款 NVMe（一种逻辑设备接口规范）硬盘表面上性能比 SSD（固态硬盘）要高，但实测下来并发性能甚至只有 SSD 的一半，这样的问题解决后，其解决方案也融入了普遍的解决方案中。

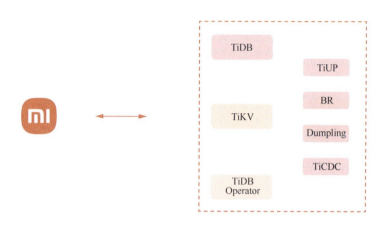

图 4.10　小米参与贡献的 PingCAP 项目

小米的数据库研发工程师刘子东对 PingCAP 的 HTAP 实践十分满意，他指出，将 TiSpark 搭在 TiKV 上的方案换成 TiFlash 之后，无论是从任务执行时间，还是延时和负载上，都改进了不止三倍，而且无须小米投入研发资源。TiFlash 的引入大大简化了小米的工作。而刘子东也秉承取之社区、回馈社区的理念，**包括 TiDB 产品在内，很多生态产品他都带领小米团队提交过补丁。现在，小米团队是多个产品的贡献者，包括 TiUP、BR、Dumpling、TiCDC 等**[5]**，目前也是 TiDB 的活跃贡献者。**而对于 TiKV、TiDB Operator 而言，小米虽然暂时还不是贡献者，但是和 PingCAP 已经达成合作，后续将持续贡献 TiDB、TiKV、TiDB Operator 产品。这样做也符合小米持续性优化稳定性、性能及成本的目标。

我们不仅仅是 DBA，还是研发工程师，都有代码层面了解产品的执拗，当然对生态产品的代码了解也有助于我们落地到业务中，同时反哺社区，帮助完善生态，这也是开源社区所倡导的良性循环。

——刘子东，小米数据库研发工程师

---

[5]　产品介绍参见附录 B。

由于小米的国际化业务越来越发达，对海外的公有云的需求也会越来越大，所以小米制定了一个全球混合多云的战略。小米同时使用IDC机房和多种公有云，并且对外封装，把它变成一个屏蔽细节的、全球化的混合多云。TiDB Operator 部署在单个 K8s（Kubernetes）集群中，控制范围仅能在单个 K8s 集群，而小米的需求可能包含跨机房、跨云，甚至 IDC 和 K8s 混合（比如 TiCDC 部署在云中，而 TiDB 集群在 IDC 物理机上），所以小米需要在 TiDB Operator 上另外增加一些自定义调度。于是，**小米除了 TiDB Operator 和传统的 CMDB（配置管理数据库）之外，还增加了一个自定义的 Operator，这同样也是其他很多有海外公有云和混合多云需求的客户的共同需求。**在混合云的存储层中，也面临着未来 TiKV 到底是继续提高调度，还是做一些共享存储方案的选择。面对这个问题，PingCAP CTO 黄东旭给小米的回答是：我们为什么不都做呢？

在云原生探索中，小米踩过一些小坑，未来也注定需要不断探索新问题的解决之道。但是，小米已经和 TiDB 社区建立了深度的合作，会共同推进混合多云战略，推进核心业务的 MySQL 迁移，以及培养一批社区提交者。在小米内部，也会继续推进 TiDB 落地到小米金融、小米 AI、小米 IoT（物联网）等多个业务场景。图 4.11 展示了云原生版图中小米对运维工具的贡献。在这个过程中，小米基于实际场景提出的各种问题和挑战，也都会让 TiDB 变得能够更好地服务于云原生和混合云的所有用户。

图 4.11　在云原生版图中小米对运维工具的贡献

平安科技：从业务创新的"小利"升级为服务全球开源社区的"大义"

平安科技有限公司（简称平安）是 PingCAP 生态里非常重要的一个企业用户，正式开始使用 TiDB 是在 2018 年初。当时，公司需要做一个促销活动。数据库团队需要根据业务量、活动量的规模来进行 IT 资源的规划、评估，以决定是否需要扩容。

对于平安来说，开门红、财神节活动年年都有，但 2018 年遇到了非常大的挑战。这一年，平安产险的业务以及其他保险的业务都在飞速发展，2018 年的量比往年远远大得多。这给数据库团队带来几个挑战。第一，平安当时用的还是集中式数据库。大家都知道集中式数据库的限制，需要技能很高的人员才能评估，而且对评估的准确度要求也会很高。在初步评估中，数据库团队认为没有一个单一的服务器能够承载得起当年的活动量，那如何保证产险财神节活动的顺利进行呢？

由于数据库团队平时比较关注分布式数据库领域，当时自然而然想到了原生的分布式数据库 TiDB。PingCAP 技术团队与平安的 TiDB 项目人员，以及子公司的开发、测试、运营人员组成了联合攻关小组，进行紧张的测试验证。当时留给攻关小组的时间非常有限，但 TiDB 凭借着快速部署、灵活的扩展性，在短短 20 多天的时间内，就搭建起了一个 20 个节点的生产集群，顺利保障了 2018 年 1 月 8 日产险财神节活动的顺利进行。

平安数据库团队总工程师汪洋感叹："这样的速度、效率、效果，以往是很难想象的。经此一役，我们对 PingCAP 产品增强了信心，也对 PingCAP 的研发、技术、支持团队的专业能力增加了很大的信心。于是我们开始在不同的子公司、不同的系统上去推广、使用 TiDB，例如寿险的金管家系统、集团的客户信息管理系统。"

随着 TiDB 在平安的使用，平安数据库团队不愿意只做一个超级用户，他们想更充分地发挥 TiDB 的力量，建立更多的连接，持有更开放的态度，推动整体分布式数据库技术的发展。于是，**他们参与到 TiOperator 和 Chaos Mesh 的项目中。甚至有人成为 SIG-K8s 的审核者（Reviewer），提交合并了 45 个 PR，提出了 Operator 的灰度升级方案，进行了方案设计和代码实现，同时还优化了 Pod（K8s 的最小单位）的更新策略，还有 HostNetwork 网络方案的性能验证。**平安在将成果应用于业务创新的同时，也贡献给全球开源社区，持续推进数据库技术的进步。

伴鱼：从单纯代码贡献升级为社区平台项目

伴鱼少儿英语（简称伴鱼）是目前飞速成长的互联网在线英语教育品牌之一，致力于打造更创新、更酷、让学英语更有效的新一代互联网产品。作为在线少儿英语赛道的头部企业，截至 2020 年 10 月，伴鱼的用户数量已达 4000 多万，其中付费用户数量超过 200 万。伴鱼技术团队的愿景是用技术和数据驱动业务高速增长。伴鱼从 2018 年开始使用 TiDB 分布式数据库作为核心关系数据库，迄今已经有 10 多套 TiDB 集群、100 多个实例、11TB 以上的数据容量，服务于绘本、口语、中台等核心业务线。

在技术架构层面，伴鱼使用微服务架构来构建业务应用系统，采用 SDK 对原生 SQL 驱动进行封装，实现对 TiDB 数据库的访问。这种方式在初始阶段为研发人员带来了便利。随着业务线的丰富与数据量的增长，这种方式也开始暴露出一些短板：应用接入 TiDB 缺少统一的接入层，不方便进行统一管理；缺乏必要的认证和权限管理，安全性不佳；数据治理能力强依赖 SDK，兼容与灵活性差；此外，出于 DBA 对核心数据库稳定性的要求，需要完善数据库的保护能力，提供更细粒度的监控手段。

伴鱼技术团队调研了多款开源数据库中间件，例如 kingshard、shardingsphere、proxysql 等，这些中间件大多面向 MySQL、PostgreSQL 等传统数据库，以提供分库分表功能为主，在统一接入、多租户、数据库治理等方面相对比较薄弱，而且二次开发的成本较高。于是，伴鱼技术团队萌生了一个想法：**基于 TiDB 社区，发起并主导开发一个面向服务的 TiDB 数据库治理平**

台 Weir，从根本上解决在 TiDB 数据库统一接入、认证和访问控制、全面的数据库治理等方面的问题，**同时希望广大 TiDB 用户也能享受到这项技术红利**。

有了好的想法，接下来怎样落地实现？最初，伴鱼技术团队还没有一个成型的想法，直到 TiDB 孵化器进入他们的视线。**TiDB 孵化器是 TiDB 社区发起的开源项目孵化通道，旨在保障 TiDB 生态中的最新项目在社区的资源支持和帮助下快速成长，达到有实际应用场景的成熟阶段**。

加入 TiDB 孵化器项目需要在 TiDB 生态中有着良好的适配度，并具备广泛的应用场景。在孵化阶段，TiDB 社区为这些项目提供技术和规范上的指导，包括开源协议、最新的模板文档和健康的开源协作流程等，这与伴鱼技术团队的想法不谋而合。不久，Weir 项目正式加入了 TiDB 孵化器。

目前，Weir 已实现 MySQL 协议支持、多租户管理、连接池、后端负载均衡、配置热加载、平台化管理等功能。**除了伴鱼，Weir 项目还在多个企业的业务生产场景得到应用**。

TiDB 社区的 TOC（技术监督委员会）成员、伴鱼技术中台负责人陈现麟认为："通过参与 TiDB 社区孵化器项目可以快速找到志同道合的朋友，大家一起分享想法，一起协作，让开源变得更简单和有趣。"

PingCAP DevCon：社区贡献者的技术盛宴

PingCAP DevCon（开发者大会）是 PingCAP 的年度最高规格的技术盛会，一般在每年年中举办。大会中 PingCAP 会发布年度新产品，也会让客户、社区用户、开发者来做议题分享。PingCAP DevCon 聚焦 TiDB 项目核心技术的最新进展和未来规划，以及来自社区一线用户的最佳实践经验，展示 TiDB 分布式数据库在海内外的最新动态。截至 2021 年，DevCon 已连续举办四年，成为观测开源产业、数据库前瞻趋势的风向标。

2018 年 1 月 20 日，PingCAP 在北京举办了第一届 DevCon（见图 4.12），议题主要围绕 TiDB 项目展开。PingCAP CEO 刘奇除了分享公司、社区、产品特性的发展变化，TiDB 项目最新的项目进展，还邀请了一众来自今日头条、摩拜单车、饿了么、去哪儿的用户分享他们采用 TiDB 的实践经验。

图 4.12　第一届 DevCon

2021 年 7 月 24 日，PingCAP DevCon 2021 的主题为"开放 × 连接 × 预见"（见图 4.13）。除了继续分享开源生态的最新进展，大会还增设了开发者嘉年华环节。TiDB 社区邀请了来自社区的开发者和技术爱好者参与 TiDB 调优竞赛，模拟了低配环境下的 Sysbench 性能测试，在 8C 的 TiKV 服务器上面模拟了一些小型业务场景。嘉年华现场气氛非常热烈，仅用两小时的调优，QPS 就可以高达 25000。

开发者、技术活动、企业用户，基于对社区的深刻理解，PingCAP 用诚心和坚持打造了高速且持续运转的增长飞轮，并和社区里生生不息、日渐增多的参与者齐心协力将它有效地运转起来。最为核心的一点是，这里面的价值增长让社区的每一位参与者持续受益，并在受益后以独特的方式再为社区本身的发展出一份力。一次代码提交、一个缺陷反馈、一个文档撰写、一次活动组织，所有人的心中都有一个共同的理念，就是这个社区能够通过产出更好的产品，满足更多的场景需求，让这个世界变得更加美好，因为这个世界离不开数据，也离不开为基础软件添砖加瓦的开源社区。**这种共识和使命感，是单纯的商业利益所难以触及的领域。**

图 4.13 "开放 × 连接 × 预见"大会现场

我们与社区同在[6]

一次在与友人喝咖啡的时候，聊到了关于 PingCAP 和 TiDB 的一些历史以及对于开源软件公司核心竞争力的理解。**回顾这几年的创业生涯和 TiDB 社区的成长壮大，就像是一场巨大且正在进行中的社会学实验，原本零散的一些想法随着一条主线变得逐渐清晰，希望写成文章总结一下社区对于开源软件以及开源公司到底意味着什么。**

很多人听说过网络效应（也叫梅特卡夫定律，指的是网络的价值与互联网用户数量的二次方成正比），许多伟大的产品和公司通过网络效应构建起了强大的护城河。提到网络效应，经典例子在通信领域，例如手机，每多一个用户，整个通信网络对所有用户的价值就越大，虽然大家也无意

---

[6] 摘编自黄东旭博客，原标题为 *In community we trust*。

为他人创造价值，但是一旦开始使用，该行为就会帮助这个网络创造价值。很多我们熟知的 to C 公司的业务，尤其是社交网络和 IM（Instant Messaging，即时通信）业务，通过这个效应构建了极高的壁垒。NfX Venture 在他们的一篇博客中详细描述了很多种网络效应。在介绍社区之前，我想着重介绍一下其中和开源软件相关的两种网络效应。

1. 基于从众心理的网络效应

这类网络效应通常是从一些意见领袖开始，可能是行业大咖，可能是社交潮人，常常出现在一个新产品要去进攻一个老产品的市场时。尽管这个新产品相比市场的统治者来说不一定成熟，但它通常会带着一些鲜明的特色或者更加前沿的理念，吸引那些对"主流"不满或者希望突显自身前沿视野的意见领袖的支持，给人造成一种"**很酷的人都在用，你不用你就要被淘汰了**"的感觉。

这种感觉会在新用户纷纷加入时，形成从众的网络效应，但是**这类网络效应的持续时间不会太长**。细想一下就能知道：如果早期意见领袖只是因为突显"不同"而加入，那么在这个社区成为主流后，这些意见领袖就没有理由留下，追随这些人的粉丝可能会随之而去。另外，这个新产品的完善程度通常不如老产品，美誉和差评会在早期同时到来。此时，如果不快速通过网络效应打磨产品，获得更好的迭代速度，那么，这个网络效应是根基不牢的。**该效应的一个优点在于，在早期是事半功倍的。**

回想 TiDB 早期的社区建设，也是因为几个创始人在 Codis 的工作以及在国内基础软件圈中积累的名声，还有一些互联网技术圈中朋友的支持，形成最早的背书。

2. 基于"信仰"的网络效应

我这里所说的"信仰"，就是基于对一个理念的认可而加入某个团体，从而形成网络效应。这点在软件领域也不少见，自由软件运动和开源运动都是很好的例子。人嘛，总是要相信点什么。**这类网络效应的护城河是极**

深的，而且对于产品缺陷的容忍度极高。 因为信念是一个长期的念想。对于 TiDB 来说，这个念想形如：相信分布式是未来，相信云时代的业务需要像 TiDB 这样的数据库。同时这个信念又是足够有挑战的，值得长期为之努力的。

基于"信仰"的网络效应可能在最早期和从众心理网络效应有点类似，其中的关键是社区核心人群对于产品背后的理念是否有坚定的"信仰"。如果只是简单地想秀优越感，是不会长久的，随着兴趣的衰减，网络效应也会崩塌。

对于基础软件，我一直坚持两个观点：

- 基础软件是被"用"出来的，不是"写"出来的；
- 迭代和进化速度是这类软件的核心竞争力。

这两点恰恰是网络效应能带来的，虽然价值链条不像实时通信业务那样明显，但是，网络效应存在的基础是新用户给老用户带来的额外价值。而基础软件的价值，体现为以下几点。

- 可控的风险（稳定性）；
- 更多的场景适应性（发现新的适用场景和持续提升性能）；
- 良好的易用性。

对于风险控制来说，软件被越多人用意味着风险被越多人均摊，其中的一个假设是：我不特别，我遇到的问题别人应该也遇到过，一定有人能比我早发现并修复它。这个假设在一个成熟且活跃的基础软件社区是成立的，因为基础软件的场景边界相对清晰，在适用范围内的路径大致相同，同一条路径走多了，坑自然就少了。**只要有一个人踩到坑，反馈回社区，不管最后是谁修好的，这个行为都会让其他用户受益。**

同样的逻辑，对于场景适应性来说也成立。个体的认知总是带有局限性，即使是项目的创始团队，也不见得对于某个具体的应用场景有深刻理解。社区用户的创造力是无穷的，一些设计外的使用路径可能会出奇地好用，从而发展出新的优势场景。同样，只要有一个成功案例，那么对于其他具有相似场景的用户来说，软件的价值就增加了，TiDB 和 Flink 组合成的实时 HTAP 数据处理方案，就是一个很好的例子。

对于易用性改进的逻辑和稳定性类似，我就不赘述了。利用网络效应带来的飞轮效应改进软件，这个思路我在《大教堂终将倒下，但集市永存》一文中也提到过。

一个好的开源软件社区的终局会是什么样子？

对于这个问题，其实我们有很多能参考的例子，例如 GNU Linux、Hadoop、Spark、MySQL 等。我认为，不管一个开源软件及社区是由商业公司还是由其他方式发起、壮大，到最后一定会出现独立于某公司之外的中立组织来接管这个社区，这也是最自然合理的方式。

尤其是公司主导的开源项目，在后期会面临中立性的问题。因为对于公司而言，最重要的是客户成功，对商业化的诉求一定会影响开源软件的功能设置和开发优先级。而且优先级往往是会变的（可能更紧急且更具体），这种变化也许会和社区的开发节奏冲突，但我不认为这两者的矛盾不可调和，我会在下文展开来讲。

中后期的开源软件已经支撑着太多用户的场景成功和商业利益，由一个中立的委员会来平衡各方的利益及监督各方的责任目前看来是比较成功的实践，而且一旦开始有这样的组织出现，就从侧面说明这个项目已经成熟，已经有良好的生态。还没有到达这个阶段的开源软件大多是由项目背后的公司主导社区。在项目成熟阶段，重点是不断地通过优化客户和场景的成功让整个飞轮转动起来。当主导公司之外有越来越多的成员在思考和实践治理规则，这就是一个积极的信号。

前文留下一个问题，就是开源与商业化的矛盾，不管我如何解释，本质上开源和传统的软件售卖模式一定是冲突的。

我举一个比较好理解的例子：如果将开源比作种菜，开源软件源代码就相当于种子，业务成功相当于长出来的菜，传统的软件商业模式类似于卖种子，但是种施肥（hosting）都是客户自己的工作。开源软件的种子是免费的，地是客户的，种菜的人也是客户的人，所以开源厂商大概只能提供种菜指导服务，尤其在一些种子不是太好种的情况下，指导服务是有意义的。但仔细想想，随着种子不断改良（性能、稳定性、易用性等），最后将它随便撒到地里就能开花结果，那么专业的种菜指导服务就没什么必要性了。于是厂商只好卖一些额外的价值，比如保险服务，万一种子生长遇到极端天气，至少有专家团在背后帮忙解决。但是这种商业模式仍然比较别扭，因为价值链条大部分在客户自己这边。所以，如果厂商看待社区时只停留在潜在客户视角，很难做出好产品，因为没有内在动力去持续优化软件。

一个更好的视角是往后退一步，我再举个好理解的例子：将社区当成一条河流，不属于任何人，大家共同保持河水的清澈和流动性，谁都不要过度捞鱼，不同的组织和个人都可以在河流周边构建自己的生态，至于岸上的人靠什么挣钱，那是另外一个问题，后文再讲。

虽然开源软件商业公司的第一目标是客户成功，但这和做好社区并不矛盾。**一个常见的问题是在开源软件公司内部，商业团队和社区团队形成对立关系。**商业团队认为社区就是给商业化"养鱼"的，养肥了就要"打捞"，偏激点就动不动要闭源；社区团队认为商业化会减慢生态传播的速度，使用门槛上升，偏激的做法是产生反商业化的倾向。如果这两个团队都只站在自己的位置上思考问题，当然双方都没错，那到底是哪里有问题呢？

问题出在了"阶段"和"客户选择"上。社区用户和商业用户使用开源软件的生命周期可能完全不同，一般的开源软件公司会有两个漏斗，我称之为社区漏斗和商业漏斗。有些人认为社区漏斗是商业漏斗的上层，我之前也深以为然，但经过几年的实践，我渐渐发现其实并不是那样。这两者是独立的，如果只是简单地作为一个漏斗，那么就会有很多问题，比如经典问题：不会流到商业漏斗的社区用户，其价值到底是什么？所以，肯定不是一个漏斗，而是两个漏斗，而且它们之间有很深的内部联系。

什么联系？为方便大家理解，还是用种菜举例说明。开源社区孵化出来的东西，例如用户成功案例、社区贡献对产品的打磨、探索出来的适用场景等，就像各类食材，而客户想要一盘鱼香肉丝，并不关心盘子中的肉和菜是怎么来的，所以看到关键点了吗？商业团队的角色就像是厨师，社区团队就像农民，二者的关注点并不一样：厨师的关注点是如何做好菜；农民的关注点是如何种好地，产生更好的食材。从食材到一道菜，还要经历很长的过程，但没有好食材，能力再强的厨师也难做出一盘好菜。

对于开源软件公司来说，社区和商业这两个团队的内部一致性是好产品和制胜场景。 根据我们的实践经验，比较好的做法是，社区团队聚焦于两个关键点：

- 社区用户对于产品的打磨（在制胜场景下）；
- 发现更多的制胜场景。

这两个关键点会形成闭环，社区团队持续产生食材（制胜场景以及持续进化的产品），商业团队聚焦于制胜场景的进一步加工和客户旅程优化，两个团队互相配合拉动整个公司和项目的大循环。例如，TiDB 商业用户的场景和解决方案，大多是从社区用户中诞生并打磨成熟的，尽管可能两个用户群体完全不一样，但是通过 TiDB 形成了一个大的生态——商业化的循环，而 PingCAP 就是中间的桥梁。另外，社区和商业团队会有一个共同的北极星指标：用户体验。

一个好的生意应该是可以规模化的。传统开源软件公司的商业模式，问题在于规模化中需要人的介入，如销售/售前/售后交付等，而基于人的生意是没法规模化的。在云诞生前这个问题是无解的，所以开源软件公司需要寻找一个和开源无关的软件商业模式（听起来有点别扭，但是仔细想想确实如此），而云本质上是一个资源租赁生意。

还是以种菜的例子来说，过去传统的商业模式中，因为土地和种菜人都是客户自己的，所以开源软件公司的位置就比较尴尬，但是在云上，基础软件商业模式本质上是一个托管服务，让原来价值链条中最重要的一部分"土地"（托管资源和基础设施）掌握在了厂商手上，这对于用户来说也是好的，毕竟管理"土地"也是一件费心费力的事情，而且很难做到按需购买。问题在于用户想要的只是一道好菜而已，注意这和开源（种菜）并没有什么关系，因为不管开不开源，用户支付的都是管理和租赁费用，相当于即使种子和食材免费，顾客去饭店吃饭，也需要为菜品买单，因为顾客购买的是好菜和服务体验。

另外，**很多人认为开源社区是竞争壁垒，其实并不是，真正的壁垒是生态，而开源社区是构建生态的一种高效方式，如果一个产品不用开源也构建起了生态，那么效果是一样的。**一个很好的例子就是 Snowflake，尽管 Snowflake 没有开源，但是 2012 年诞生伊始，它在云数据仓库这个市场内几乎没有任何竞争对手，所以有足够的时间通过差异化定位和极佳的用户体验构建自己的生态，并依托云的崛起和规模化效应取得了巨大成功。

上文抽象地讨论了很多偏哲学的内容，接下来聊聊落地实践。想要做好开源社区其实是有方法论的，但前提是有正确的思考方式和思考角度，否则在实践环节你就会发现有无数事情可以做，却不知道哪件或哪些事情是更重要的，更难受的是你发现没法衡量对与错。以下是我的一些思考角度以及思考时考虑的重点指标，可作为社区运营者的参考。

1. 几个问题：你是谁？你解决了什么问题？为什么是你？

好社区的根基一定是好产品，要回答"你是谁"这个问题，一定要先回答"你解决了什么问题"，这点和 to C 产品的运营很不一样。一些社区运营者会将注意力转移到各种活动或者宣传拉新上，同时夸大产品的功能，导致与现实不符，这是最常见的错误做法。

很多做社区运营的朋友经常问我:"我也做了很多活动,写了很多文章,为什么看起来没有效果?"通常这个时候我会问他:"你能一句话说明白你的产品是做什么的吗?到底解决了什么问题?这个问题是普遍问题吗?非你这个产品不可吗?"这个时候他就明白了:完美的产品是不存在的,好的产品一定是跟随它的优势场景而出现的,比如 Redis 显然不能用来做核心金融交易场景,但谁都不会否认 Redis 在缓存场景下是当之无愧的事实标准。同样的例子还有很多,例如 Spark、ClickHouse 等。所以运营团队在做任何动作之前要想清楚上面的四个问题。

2."好用"决定了漏斗的转化率

找到制胜场景就够了吗?当然不是,如果把整个用户旅程当成一个漏斗,找到制胜场景充其量是找到了正确的入口而已。进入漏斗以后,重要的事情就变成了提升各阶段的转化率,决定转化率的一个关键指标是产品的易用性,这点和做 to C 产品很像。很多做 to B(面向企业)产品的团队会下意识地忽略这一点,通常可能是两种原因。

• 不太重视社区用户自助服务(Self-service),项目官方甚至鼓励用户联系官方团队,因为早期知道有人在用这个信息是很重要的,而商业客户的基本服务和支持都是官方的,客户无感,对公司而言没有动力优化。

• 很多产品在诞生初期是救命型的,用户没有别的选择。例如早期的 TiDB,在 MySQL 扩展需求迫在眉睫的时候,用户更关心如何立即把问题解决掉,内核能力更重要,其他的可以先缓缓,忍着就好。

这两种原因导致的结果就是,做 to B 产品的团队对易用性和用户体验关注不足,这个错误在市场竞争初期是很隐蔽的。一方面因为流进漏斗的业务机会(leads)数量不够多,通过人力支持尚可,且市场的竞争还不激烈,用户没有其他选择。试想一下,当这个市场终有一天变得成熟,大量客户被充分教育后流入漏斗,团队的支持带宽肯定是不足的。另一方面,因为市场已经被教育成熟,一定会有竞争对手能做类似的事情,这时,当你不是市场中唯一的救命选择，用户一定会选择用着顺手且省心的一方，这不难理解。这就是为什么在开源软件竞争的中后期，易用性和用户体验要放在至高位置。对于"用着省心"，假设这一点已经通过成熟的生态和案例背书解决了，而在"用着顺手"这一点上，中国本土诞生的开源软件团队相比世界先进水平还有不小的差距，毕竟国外的开源软件竞争比国内更加激烈，因为国外开源市场诞生时间早，而且业务场景对于基础软件的需求也没有国内极端，通常好几个产品都能搞定同一个场景，那么这时当然就要比拼易用性（省心）和生态（放心）。

有几个问题，作为开源项目的产品负责人可以问问自己。在你的产品领域里，如何定义好用？最佳实践是什么？世界上最好用的同类产品水平是怎么样的？我相信思考这些问题对产品发展会有帮助。**一个反映易用性的好视角是用户能够自助服务的程度，其指标体系较多**，比如在云上自助完成整个产品生命周期的比例，在开源社区从接触到使用过程中不用提问的比例，开源社区活跃贡献者数量等。

3. 二次传播是达成网络效应的关键

上文提到过，网络效应产生的前提是，任何一个新用户的使用软件行为本身对于老用户都是有价值加成的，所以试想：如果一个社区用户默默地使用了软件，默默地看了文档和最佳实践文章，甚至出了漏洞自己默默地修好（不贡献回来），这对这个社区和产品是有价值的吗？

我认为是没有的。

尽管我知道一定会有这样的用户存在，就像沉默的大多数人一样。对于社区运营者来说，**最关键的任务不是让沉默者更多或更深度地使用产品，而是让他们和网络中的其他用户建立更多的连接**，例如分享经验（写案例文章）、培养贡献者、积极向社区反馈使用中的问题等，而且一定要将这些内容传递到网络的其他节点，确保产生价值，例如，一个用户的使用场景帮到了另一个用户选型，一个用户的反馈帮助软件开发方发现了一个漏洞并进行了修复，这些都是产生价值的例子。切忌让用户变成一个个孤岛。社区运营者如果看不清这个关键点，可能会出现为了数字（使用量）而追求数字的情况，做了很多工作，但从全局看不到进步。

4．网络效应的转移

社区运营的最高境界是将网络效应从使用者的网络效应转移到基于"信仰"的网络效应，将社区中心从开源公司内部转移到外部，以获得更大的势能。这两者都不容易，对于前者可能更多的是抽象、总结和提炼理念，以及持续保持长远而正确的洞察，加之寻找合适的布道者群体，这些并不容易。对于后者来说，只要在以公司为中心的阶段积累足够多的成功案例和优势场景，并且投入资源教育市场，剩下的交给时间就好，这个阶段关注的指标是品牌力。开源软件社区运营是一个指数曲线的游戏，要抱着长期主义的心态去耕耘。

最后，我想谈谈一个伟大的开源基础软件产品应该是什么样的。

我眼中一个伟大的开源基础软件产品不仅仅是可以解决眼下的具体问题，而且能开启一片新的天地，拓展一个新的视角，创造新的可能性。就像智能手机的发明，它作为平台催生出了微信这样的伟大应用，开启了一个全新的世界；就像云、S3 和 EBS 的发明，给开发者提供了新的设计方式，催生出了 Snowflake 这类的新物种，彻底改变了人们使用和分析数据的方式。而**开源社区正是这类伟大开源基础软件诞生的最合适的土壤，二者就像鱼和水一样。**

我不知道社区会带来什么，我也不敢高估自己的能力，毕竟在群体智慧面前，个人的力量永远是渺小的。

第五章

开放生态

第一节

开源特有的共创逻辑

开源能够形成全球化商业的基石，能够激发全世界社区贡献者的激情，但是开源最引人入胜的魅力还在于它消弭了一切不必要的边界，所有的参与者都遵从一种共创的逻辑，从而创生出开源世界独有的开放生态。以数据库产品为例，只有以真正的开源作为前提，并且拥有充分发展和成熟的社区，才有可能出现**将数据库产品解构到组件级，并和其他开源大数据产品"混搭"形成创新解决方案的可能**。这样才能用简化融合的方式解决实时数据处理和实时数据洞察的业务问题。同样，数据技术通过云原生架构灵活调用云的基础设施，通过 AI 技术更快地发现数据价值，也需要开源这个纽带，因为今天的云原生生态和 AI 生态也都是以开源的模式才能持续生长，新一代的数据处理技术正在把分布式数据库、大数据技术、云原生、AI 四个开源生态逐步融合起来。这在非开源的，甚至开源不充分的条件下，都是难以想象的，因为一个完整的生态中只要有一处不开放，它就构成了生态发展的短板和死结。开源是一种流动的活水模式，灵感、知识、代码的流动与混搭是开源生态生命力的源头。

TiDB 作为一种分布式数据库产品，正因为它是真正的开源，其社区高度成熟，它的各个组件才能够以超出原始设计的范围，触及很多新兴的领域，发展出很多创新的玩法和解决方案，形成欣欣向荣的丰富生态。

PingCAP 的"友邻式"合作伙伴体系

在传统的体系下，原厂商和渠道商处于供应链上下游的位置，彼此之间是通过商业利益进行连接的。在整个过程中，原厂商往往处于主导地位，如果用太阳系来比喻这套合作体系，那么处于太阳系中心的就是原厂商，各个渠道商就像一颗颗行星一样，被吸引着围绕原厂商转动、产生连接、创造商业价值。

但是这样的引力是不可持续的，并且黏性是不够的，具体体现在诸多原厂商和渠道商的合作不顺利、破裂、不成功等情况。

本质上，只要这家原厂商从源头上切断他和渠道商的联系，那么合作关系在这样一套体系下就很难继续了。因为从生态角度看，一旦渠道商被切断了与原厂商的联系，就无法继续同这套体系产生连接。

在开源的模式下，PingCAP 致力于打造一套"友邻式"的合作伙伴体系。在 TiDB 这个星系里，处于核心位置，处于引力源、太阳位置的，不再是 PingCAP 这样一家商业公司，而是 TiDB 开源社区。由于 TiDB 本身是基于 Apache 2.0 协议来开发和运营的，任何个人、公司、云厂商，只要不违反 Apache 2.0 协议的相关规定，都可以自由地去下载、研读、改写、编译 TiDB 的源代码，甚至可以发行自己的发行版，进行相应的商业活动。

在这样的体系下，PingCAP 公司与合作伙伴之间是完全平等、独立的行星关系，合作伙伴与 TiDB 开源社区直接的连接是不能被断开的，也就是星系中的行星与太阳之间是连接的。即使有一天 PingCAP 这家商业公司不存在了，但只要 TiDB 社区还在，整个生态还在，合作伙伴还是可以在这个大的 TiDB 星系里持续地发掘和创造商业价值。

截至 2021 年，TiDB 已有超过 3000 家全球企业用户，超过 1600 位贡献者，且这些用户、贡献者的数量还在不断加速增长，他们不是 PingCAP 这家商业公司的资产，而是属于整个 TiDB 星系。

这个星系里面有各种各样的角色，合作伙伴都是和 PingCAP 完全平等、独立的行星，彼此之间可以建立连接，有通航，有商业的合作；同时也可以不建立连接、不通航、不进行合作，但这并不妨碍整个 TiDB 星系的玩家以 TiDB 社区作为辐射，在里面寻找商业价值。

下面通过一些案例，来具体观察一下 PingCAP 的用户以及合作伙伴是如何在开放生态中基于 TiDB 或某个组件取得成功的。

案例研究：茄子科技，基于 TiKV 打造自用 KV（键值）系统

茄子科技（国外称 SHAREit Group）是一家全球化互联网科技公司，主

要从事移动互联网软件研发与全球移动广告变现解决方案、跨境支付解决方案等互联网服务之类的业务。茄子快传（SHAREit）是茄子科技旗下的代表产品，是一款一站式数字娱乐内容与跨平台资源分享平台，累计安装用户数近 24 亿。

茄子科技主要提供工具和内容产品，产生的数据量非常大，KV 产品需要为两类场景做支撑：一类是**数据的实时产生**，对于 Redis，需要实时写入；另一类是针对**用户画像和特征引擎**，将离线产生的大批量数据快速加载到在线的 KV 存储，为在线业务提供快速的访问，即**批量加载能力**，实际业务中需要大概每小时 TB（太字节，为 2^{40} 字节）级的吞吐量。

图 5.1 所示是茄子科技之前基于 RocksDB 自研的分布式 KV 的架构，这个系统同时满足上述两类场景对 KV 的需求。图中左边展示的架构主要是实时写入能力的实现，数据先从 SDK 到网络协议层，然后到拓扑层，再到数据结构的映射层，最后到 RocksDB。右边是批量加载批量导入的流程。大家可能有一个疑问，为什么左边实时的写入流程不能满足每小时 TB 级数据的导入？主要原因有两点：一是因为 **RocksDB 的写放大**，尤其在大型场景下，LuaDB 写放大是非常严重的；另一点是受限于单块盘的网络带宽，**单机负载或者单机存储是有限的**。右边整个批量导入的能力是怎么实现的？它是通过 Spark 把 Parquet 进行数据解析、预分片以及生成 SST 文件，把 SST 文件上传到 LuaDB 的存储节点，最后通过 Ingest&Compact 统一加载到 KV 层，供在线的业务进行访问，**单机吞吐量每秒可以达到百兆字节级**。

茄子科技既然已经自研了基于 RocksDB 的分布式 KV，为什么还要用到 TiKV？第一，在技术层面，虽然自研分布式 KV 在生产中已经运行了两年多时间，支撑了上百 TB 的数据，但是有些技术问题，比如在**自动弹性伸缩、强一致性**等性能的支持上还需要进一步投入研发。第二，在**高质量数据库人才储备上**还有一定的欠缺。茄子科技借助 TiKV 在技术上打造存储与计算分离的 KV 产品。第三，TiKV 拥有**活跃的开源社区**，茄子科技可以借助社区的力量共同打磨产品。

图 5.2 所示是茄子科技基于 TiKV 打造的一款分布式 KV 的架构。左侧部分主要是解决数据实时写入的流程，从 SDK 到网络存储，到数据计算，最后

到 TiKV 的存储引擎。茄子科技重点的研究方向是右侧部分整个批量加载能力的研发，与自研的分布式 KV 不同，**整个 SST 的生成流程被放在 TiKV 内部**去做，这样可以**最大化地减少 Spark 部分的代码开发和维护成本，提升易用性**。

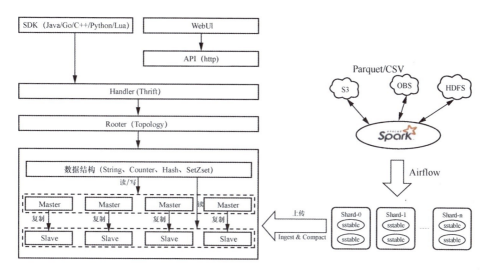

图 5.1 茄子科技基于 RocksDB 自研的分布式 KV 的架构

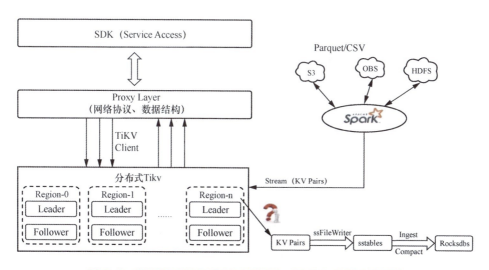

图 5.2 茄子科技基于 TiKV 打造的一款分布式 KV 的架构

表 5.1 和表 5.2 是基于 TiKV 的批量加载能力进行实际测试的结果。其中，

表 5.1 是在 E5 CPU，40 个 vcore（虚拟 CPU），磁盘使用 NVMe 协议的情况下，最大可以达到每秒 **256MB 的单机吞吐量**。表 5.2 是在进行批量加载的同时对在线读（online reading）部分进行压测，可以看到延迟响应时间的抖动是非常小的，不管是 P99 还是 P99.99，都是处在一个比较稳定的状态。这个测试结果是一个**演示案例**的验证，后续经过优化，不管是存储吞吐还是响应延迟，都会有质的提升。

表 5.1　批量加载单机负载测试（CPU: E5、40 vcore；磁盘 :NVMe 协议）

Spark 并发度	数据量（GB）	时间（秒）	速度（MB/ 秒）	速度（GB/ 时）
2	1	20	50	175
5	5	40	128	450
10	5	30	170	600
20	5	20	256	900
40	5	30	170	600

表 5.2　批量加载下的延迟响应时间（QPS: 4000; Key:16B；Value:64B）

Spark 并发度	P99（毫秒）	P99.9（毫秒）	P99.99（毫秒）	平均时间（毫秒）
2	6	9	23	0.53
5	7	12	22	0.6
10	7	13	33	0.64
20	7	15	31	0.578
40	6	13	37	0.6

批量加载的能力是茄子科技和 TiKV 的研发人员一起开发、共同演进的，在不久后的某个时刻也会把整个架构，包括测试数据都放到 GitHub 上公开，反哺社区。

案例研究：神州数码，将 TiDB 的 MySQL 层替换成 PostgreSQL

在我国，2020 年前后暴发的新冠肺炎疫情首先在武汉出现，而神州数码

（全称神州数码控股有限公司）武汉云基地就在这座城市。当时神州数码参与的疫情相关项目中，有些历史业务系统基于 PostgreSQL 搭建，在数据量和并发量激增的情况下，增加了数据库运维的难度，于是神州数码开始着手向可扩展、高可用的分布式数据库迁移。

神州数码于 2017 年开始接触 TiDB，不仅在企业内部宣传分布式数据库的概念以及前景，同时也更加注重 TiDB 的实施与实践，想让更多公司的内部系统用上 TiDB，享受分布式数据库带来的便利。TiDB 拥有分布式处理和存储数据特性、无限扩容和高并发并行处理等一系列优点。在实践过程中，TiDB 确实没有让神州数码失望，尤其是在高可用上，虽然发生过因为硬件缺陷导致的单一节点故障问题，但是整个集群从未下线，业务未受影响。同时神州数码不断学习 TiDB、TiKV、PD 的源代码，甚至用 Go 语言对 TiKV 进行部分功能模拟重写，虽然只模拟了 1% 的主要功能，但神州数码对 TiDB 的优缺点有了更为深刻和细致的理解。

针对 TiDB 目前只支持 MySQL 协议这个现状，在 2021 年 1 月，神州数码开始进行深入的调研工作，对比了 MySQL 与 PostgreSQL 两种数据库协议的差异。在参考二者官方文档的同时，神州数码也进行频繁抓包来分析二者通信报文的区别。

数据库扩容的解决方案，常规的都是分库分表。PostgreSQL 对于分库分表也有插件可以支持，但是存在诸多问题，例如自行维护主库和各个从库之间的数据同步、备份与容灾具有较高的运维技术门槛以及较大的成本支出等，这些也是分布式数据库想要解决的问题。目前 TiDB 支持 MySQL 协议，在 PostgreSQL 协议上神州数码暂时还没找到解决方案。而在神州数码内部，许多历史系统都是以 PostgreSQL 作为数据库来运行。如今想要用分布式数据库进行优化，虽然市面上有一些基于 PostgreSQL 的分布式数据库，例如 YugabyteDB 或是 CockroachDB，但经过实际测试，这些数据库很难完全兼容基于 PostgreSQL 的业务系统。针对基于 PostgreSQL 数据库的系统迁移到分布式数据库的难题，神州数码想到在 TiDB 源代码的基础上进行重构，使其兼容 PostgreSQL，为一些想要迁移到分布式数据库的系统提供便捷的解决方案，增加 TiDB 的覆盖范围，所以有了 TiDB for PostgreSQL 的尝试。

神州数码从 PostgreSQL 和 TiDB 两个数据库同时入手，正式开始了 TiDB for PostgreSQL 的研发。

重构 TiDB 源代码，使其兼容原本并不支持的 PostgreSQL 协议，让基于 PostgreSQL 的系统也能顺利迁移到分布式数据库上，这是神州数码一直在努力尝试的事情。在数据库方面，老系统迁移往往会遇到这样一些问题，比如不同数据库语法和功能上有较大区别，而老业务系统刚好使用了有较大区别的语法；再比如 PostgreSQL 的 Inherit 语法、Returning 句式等都是 MySQL 所不支持的，而 TiDB 高度兼容 MySQL 协议，因此一些基于 PostgreSQL 数据库构建的业务系统在迁移到 TiDB 的时候将可能遇到语法或者是功能不兼容的问题，此时如果必须使用 TiDB，将不得不面临庞大的代码修改量以及功能测试的工作量。这些工作需要耗费大量的资源，过程缓慢且需要考虑的细节繁多，不利于客户迁移到 TiDB 上。而开发 TiDB for PostgreSQL 就是为了弥补 TiDB 在 PostgreSQL 系统领域的空白，通过兼容 PostgreSQL 协议，实现其特有的语法和功能，满足业务系统的需求，减轻系统迁移的代价。

早期在内部系统从 PostgreSQL 迁移到 TiDB 上时，第一个方案是业务系统改造，神州数码进行了初步成本和工时预估，整个系统的迁移需要修改的 PostgreSQL 特性超过 11 种，SQL 语句 600 多条，修改的同时还需要不断测试，保证系统的正常运行，整个过程的成本和耗时都非常大。并且这仅仅只是一个系统，而每一个系统在迁移时可能都需要进行重复的劳动。于是神州数码想要一个更好的方案，那就是 TiDB for PostgreSQL。

进行改造时，为验证改造 TiDB 的可行性和实现难度，神州数码选择现在使用较多且语法更为简单的 Sysbench，跑通 Sysbench 中的 PostgreSQL 协议测试就成为神州数码的首要目标。Sysbench 在脚本中主要使用扩展查询协议，由于 PostgreSQL 与 MySQL 协议有较大的区别，在具体实现上需要增加额外的通信步骤。MySQL 的预处理查询报文操作分两个阶段。第一个是解析阶段，负责解析 SQL，构造计划；第二个是执行阶段，负责执行计划，数据写回。PostgreSQL 与其功能类似的叫作扩展查询，这个过程中可能存在五次报文通信，即 Parse（解析 SQL）、Bind（绑定参数）、Description（参数描述）、Execute（执行）、Sync（同步）。

神州数码花费一段时间对 TiDB 进行改造后成功实现了 TiDB for PostgreSQL 的扩展查询功能，于是通过部署集群，分别对相同硬件资源部署的 TiDB for MySQL 和 TiDB for PostgreSQL 进行 Sysbench 性能测试。结果显示，Sysbench 的所有自带测试脚本都能够在其上面跑通。

此外，TiDB for PostgreSQL 还有许多地方是需要神州数码去实现的，例如 PostgreSQL 系统库、系统表、Schema（模式）结构、各种语法特性支持、部署运维的生态工具等，每一个都是非常难的。

目前神州数码修改了接近 5000 行 TiDB 源代码，基本实现了以下功能和结构：

- 基本协议（普通查询和扩展查询）；
- 部分错误信息的兼容；
- 用户登录认证（MD5 加密）；
- 部分系统表和系统函数。

但这仅仅只是 TiDB for PostgreSQL 中的一小部分，神州数码仍然有以下的功能和结构需要努力去实现：

- PostgreSQL 关键字和语法；
- PostgreSQL 数据库结构；
- PostgreSQL 系统表和系统函数；
- PostgreSQL 权限管理；
- 部署运维相关的工具。

神州数码在实现了 TiDB for PostgreSQL 的部分预期功能和结构后，又基本验证了方向可行性,但是未来还有很多的工作要做,即使现在有各式各样开源的分布式数据库,但是神州数码仍然认为 TiDB for PostgreSQL 是一个非常好的想法。神州数码也非常希望能有社区的力量和自己一起验证目前的测试结果,一起讨论这个项目的技术方向和需求。拥抱开源,也是神州数码一直在坚持的工作。从 2020 年底神州数码就开始融入 TiDB 生态社区,并为社区提供源源不断的支持。神州数码不仅在 GitHub 上为 TiDB 贡献代码,而且在 AskTUG 等平台解答相关难题,展现自己在 TiDB 研发和实施方面的能力,与社区成员一起共同繁荣 TiDB 社区。

案例研究:为京东云用户提供 TiDB 云端服务

云计算一直是支撑京东集团整体信息系统的基石,稳定、安全地支撑着京东商城、京东物流、京东金融等业务,并顶住了数次"618"及"双十一"电商大促活动骤增的突发交易压力。京东云作为京东集团对外技术赋能的主要窗口,自 2016 年正式对外开放以来,累积了丰富的技术与服务经验,并从云计算的开发实践者转型为服务赋能者。

京东云对数百位企业用户进行了在线调研,发现绝大多数用户心目中理想的数据库具有以下几个特点:

• 可通过动态增加机器来满足业务增长的需求,应用层可以不用关心容量和吞吐量等问题;

• 具有完整的 ACID 事务,能提供数据的强一致性,支持 SQL 并能兼容 MySQL;

• 提供跨数据中心的高可用性,数据中心内的故障可自动快速恢复,无须人工介入,任意一个数据中心发生故障都不影响数据库的服务。

为了满足这些需求,京东云与 PingCAP 联合打造了开箱即用的分布式云数据库 Cloud-TiDB,它是在 TiDB 基础上的创新实现,是一款同时支持 OLTP 和 OLAP 场景的分布式云数据库产品,具有一键快速部署、动态扩缩容、支持多租户、自动化运维、故障转移等主要特点。

Cloud-TiDB 体现出水平弹性扩展和云数据库等特性：一方面，应用层可以不用关心存储的容量和吞吐量，自动负载均衡，将读写压力分散到新节点，从而提高存储容量和吞吐性能；另一方面，借助 Cloud-TiDB 提供的 DBaaS，运维操作都交由平台自动化实现，可以方便地与用户托管的云服务集成，使用户的运维成本降到极低。

PingCAP 与京东云的合作，通过双方资源优势整合，发挥了"1+1>2"的聚合效应，可打造更符合当下市场环境的云数据库服务，创造更多想象空间。而 PingCAP 也通过建立完善的生态，与各行业的合作伙伴深度融合，更好地为客户服务，实现多方共赢。

第二节

一栈式服务生态实现数据价值兑现

说起来，刘奇和黄东旭决定创建一家数据库公司，有一小部分原因是受到某部影视作品的启发。这部 21 世纪 10 年代初的影视作品中存在一个虚构的大数据系统，它可以通过数据分析提前预测犯罪嫌疑人的行为，如同传说中的魔法水晶球。这部影视作品对刘奇和黄东旭的冲击很大，他们得出了两个影响他们未来的结论。一是，未来数据量会非线性的加速增长，现有的数据库都支撑不了，必须有一个全新的数据库才能满足未来需求；二是，兑现数据价值不应该用太复杂的技术栈，OLTP 和 OLAP 一定能融合起来。可以说，后来 TiDB 被屡屡提及的最大优势——Real-Time HTAP，其理念从一开始就在两位创始人的脑子里扎了根。

因此在 TiDB 1.0 发布的时候，刘奇写了这么一段话：

"从零开始到发布 1.0 版本，历时 2 年 6 个月，终于还是做出来了。这是开源精神的胜利，是真正属于工程师的荣耀。这个过程中我们一直和用户保持沟通和密切协作，从最早纯粹的为 OLTP 场景的设计，到后来迭代为 HTAP 的设计，一共经历了 7 次重构……"

借助一个简单的一栈式架构处理海量数据，在实时交易的同时可以实时做分析，几年前少数 TiDB 用户的梦想在今天成为每一个企业都要面对的挑战。可以说，10 年前影视作品中的超前理念在今天已经成为每一个数字化企业的刚需。

2020 年全球发生了新冠肺炎疫情，在疫情的影响下，各种线下活动都加速过渡到线上，数字化转型加速，从在线办公、在线医疗、在线教育，到在线娱乐，各种在线服务平台均得到爆发式发展。2020 年之后，越来越多的企业在考虑如何进一步利用自身数字化的能力完成在整个线上移动端、互联网端的业务闭环，DTC（Direct to Customer，直面客户）的业务模式成为趋势，很多企业都有了数据架构转型升级的需求。

数据处理在历史上曾经经历过几个阶段。今天，在数字化转型大潮崛起的形势下，人们对数据处理的要求发生了巨大的变化，这些变化主要集中体现在以下三点。

• **数据保鲜**：数据量级大且要求处理速度快，同时需要对实时数据的实时价值进行充分保鲜。

• **端到端闭环**：从互联网移动端到实时业务运营，需要一个完全闭环的数据驱动。

• **数据价值兑现**：在数据驱动的趋势下，很多企业级应用脱离了传统的数据服务和数据支撑的基础架构，快速转向以事件驱动、数据驱动为主的数据变现主题。

数据价值兑现的实时性和数据技术栈复杂性的突出矛盾

在整个数字化转型的过程中，关于数据，有两个非常核心的问题。第一，各种各样的业务发生之际就产生了新鲜数据，如何让新鲜数据一直保有实时性的承载价值。第二，当这些新鲜的数据产生之后，如何及时利用新鲜数据完成业务上的快速变现，比如说帮助企业用更低的成本获得更多的客户；如何更高效地推动企业营销活动；如何通过对数据更进一步的实时观测和分析，完成业务洞察和实时决策等。

在线直接承接业务交易的系统称为联机交易系统，它是业务产生新鲜数据的第一个阶段。经过多年的发展，数据管理及数据的使用方式已经发生了很大变化，但是对新鲜数据的保有和处理技术还停留在二三十年前的水平。比如常见的利用一些传统关系数据库、半结构化数据处理技术来承担新鲜数据的产生及加工工作，在这个过程中不可避免地出现了需要利用不同数据技术的支撑能力、在不同数据技术栈中去做数据处理的情况，进而产生了所谓"数据孤岛"。

为此，业界推出了大量的分散数据技术栈，如数据同步工具、数据加工工具、各种各样的长线管道等方式解决不同数据栈间的数据打通问题。在这个长链路、复杂链路的数据处理过程中，新鲜数据虽然产生了，但最终已经无法再保鲜。同时，整个处理链路过长，导致数据与时间维度所绑定的实时性价值丢失。另外，从业务的视角来看，在复杂的管道网络及复杂数据处理链路相互交织的局面下，要获得全局性新鲜数据的统一视图也变得非常困难。

作为企业来说，当新鲜数据产生后往往希望采用各种各样的手段将数据进行商业价值的变现，换句话说，我们会对这些数据进行业务驱动下的二次加工，来为不同业务系统提供数据消费能力。目前业界的常规做法是采用非常复杂的数据技术栈复合体来支撑一些业务，比如：对于查询要求较高的联机查询，可能通过 MySQL 或者 Oracle 这类数据库来支撑；对于汇总类的、明细类的，一般会采用如 ClickHouse 或者 Elasticsearch 来分而治之；包括用业界很早推出且一直用到今天的传统 MPP（大规模并行处理）架构数仓（简称数仓）产品来进行一些报表和多维离线的分析。这个过程无论从数据的保鲜还是数据的价值变现来看，对业务进行支撑的能力都不可避免地丢失了。

数据的实时化对技术本身要求非常高，一个实时化的数据技术栈，对业务和技术的复杂度提出了更进一步的需求。现实的情况往往是企业的前台业务和离线数仓之间缺少良好的衔接，缺少一个可以与成熟大数据技术无缝衔接的体系。在企业的混合负载场景中（见图 5.3），ERP、CRM（客户关系管理）、MES（制造执行系统）等包含多种数据访问模式，无法简单区分 OLTP 与 OLAP，DBA 需要不断实时查询各种维度的报表。**以往用户使用传统单机数据库承载业务，但当数据量暴涨之后，他们被迫使用更复杂的架构去重构业务系统，这个代价和时间成本通常是业务无法承受的。**

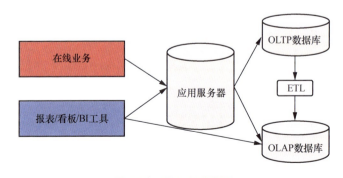

图 5.3　混合负载场景

举个例子，DBA 把流水账以 OLTP 的方式录入，同时有一部分数据转存到离线数仓之中用于报表查询。在这样的数据架构中，数据链路变得非常复杂：首先，前端应用同时面对数仓类和 OLTP 类的数据库，这两类数据库之间还要搭建 T+1 的 ETL 数据处理流程，从而使两者能互通数据；其次，前端的业务也会面临直接跟应用服务器打交道或者从大数据技术栈捞取数据的情况，这对于应用架构来说非常复杂。更进一步，SaaS 或应用软件供应商会觉得尤其痛苦，因为他们要面对客户的所有系统，技术栈的复杂度和维护难度将呈指数级上升。

在流式计算场景中（见图 5.4），**基于大数据或者互联网架构，通常得把日志流传向后端，然后进行日志和行为分析**。传统业务在使用流计算场景的时候，前端可能是 OLTP 类的数据库，通过 CDC（Change Data Capture，变更数据捕获）组件向下游输出带有"删"和"改"不同类型操作的数据日志。这些日志在传统的架构下，并没有一个非常好的技术栈去处理。对于下游来说，根据不同的业务需求，也会派生出不同的数据存储空间去存放和应对这些不同的数据请求。

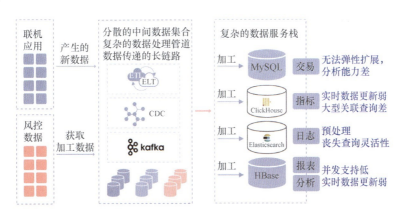

图 5.4　流式计算场景

如果希望承载 CDC 的日志，要求下游的数据库也能实现实时地对应"**删**"**和**"**改**"，或许可以选 MySQL，但选择传统单机数据库，经常遇到的问题是在海量数据下没有办法做很好的扩容。如果想选择既可以扩容，又支持"删"和"改"的数据库，我们第一个想到的可能是 NoSQL 数据库，但是 NoSQL

没有办法进行复杂的数据分析，即使用来做数据分析，它也无法达到理想的性能。所以这两种选择在数据量增长的数据分析场景都不太适用。

还有其他一些选择，比如 Elasticsearch，它本来是一个搜索引擎，如果用来做聚合，就会面临灵活性丧失的问题。此外还有传统的 MPP，它是根据传统 T+1 数仓入库的流程而设计的，所以无法很好地应对数据的实时更新，尤其是 CDC 类的数据更新。

如此看来，**无论是数据链路层，还是整个下游的承载，目前都缺少成熟的方案来应对，这就造成了很多时候数据架构师们会把不同的技术架构栈组合在一起以满足业务层的需求。**举个例子，企业的某种业务包含多个子需求，这些子需求需要多种查询系统或者多种数据平台联合起来工作才能满足，这就造成了企业的整个数据架构栈会变得非常复杂，而且栈与栈之间数据的一致性和时效性无法保障。

在 2000 年互联网浪潮还没有到来时，大多数企业主要是通过使用单机数据库来实现信息化的，单机数据库在那个阶段可以满足大多数信息化系统的业务需求，大多数数据库支持的系统往往都在 10TB 以下。所有的数据访问需求其实都应该由数据库来实现，而不是由各种各样复杂的组件来完成。尤其对于非头部互联网企业来说，他们倾向于采用一套更像传统数据库的技术解决方案来降低技术转型的门槛，这套方案在能提供传统数据库体验的同时，还能对数字化转型带来的高业务复杂度和规模扩增提供简单而强大的支持，既能支持海量在线交易，也能支持实时分析。

从大数据技术的发展趋势可以看出，Hadoop 这类传统的大数据技术栈前行的脚步在放缓，整个传统的大数据技术栈已经达到了前所未有的复杂度，遇到了复杂度的天花板，要想实现类似成熟数据库一般的简约体验，几乎是不可能的。在技术发展变缓的前提下，现有产品仍然无法达到企业期待的成熟度，于是企业开始寻找其他理想的方案。

那么，企业期待中的理想方案是什么样的呢？

首先，它**可以应对不断膨胀的数据规模**。今天，很多企业的数据规模已经暴涨了 1～2 个数量级。其次，**需要可以应对不同作业类型的灵活负载能力**。最后，**需要像经典数据库一样架构简单，使用和维护也更加简单**。

TiDB 的数据价值兑现：一栈式数据服务的解决之道和演化之路

一开始，TiDB 集群只是 TiDB 计算引擎和 TiKV 存储引擎组成的单一体系，主为 OLTP，辅以 OLAP。那个时候 HTAP 的 OLAP 部分是协处理器，也就是说每个 TiKV 会分担一部分 OLAP 的处理工作，比如说可以把所有的聚合工作推到 TiKV，每个 TiKV 分别以分片的方式去聚合部分数据，然后再到 TiDB 做汇总，可以比较快地实现类似多维聚合这样的需求。

但光有聚合其实是不够的，必须还要有处理复杂计算的引擎。随着有用户开始上线，用户的数量和规模越来越大，这时候就出现了一件很有意思的事情，一部分用户把 TiDB 当成可以支持事务、拥有良好实时性的数仓在用，替换掉生产环境中的 Hadoop，数据量达到十几 TB。这个变化让 PingCAP 的工程师们陷入了深深的思考，因为 TiDB 本来设计的目的只是想做一个分布式 OLTP 数据库，并没有想做一个数仓。但是用户给的理由很有道理，无法反驳——TiDB 兼容 MySQL，会 MySQL 的人很多，企业更好招人。但痛点在于 Hadoop 运行得不够快，造成部分查询操作不够快。经过研究，PingCAP 研发了 TiSpark。TiSpark 的原理是借助 Apache Spark 连接 TiKV 存储引擎，用 Spark 的分布式计算引擎直接读取 TiKV 的分布式存储引擎来完成数据计算与分析的使命。所以，在这个阶段，也就是在 TiDB 3.0 开始到 TiDB 4.0 以前，是以一个 OLTP 引擎加一部分协处理器的功能，再辅以外部的分析引擎来实现 HTAP 功能的。

这一情况到 TiDB 4.0 时有了变化，PingCAP 在 4.0 版本中引入了 TiFlash 列式存储（简称列存）引擎。TiKV 使用的是行式存储结构，所谓行式存储（简称行存）就是一行的数据会连续存放在一行中相邻的位置。TiFlash 则使用的是列式存储结构，行存和列存分别会应对不同的业务需求，行存倾向于响应 OLTP 类业务，列存倾向于响应 OLAP 类业务。

一般 OLTP 类业务是少量查询个别行，进行修改，然后再进行回写，希望尽可能地把所有一次操作的数据都放在同一个地点，这就是行存具备的能力。列存一般用来响应报表类和 BI 类请求，例如从一张相当宽的表当中选出其中几列进行筛选和聚合，在这个场景中，列存引擎可以选择其中需要读的列，而不用去碰那些不用的列，而这在行存结构当中是无法实现的。此外，**列存引擎也会更好地配合向量化引擎**，做到从磁盘读取或者到内存计算，都是采用一个向量的方式来进行数据的排布，这是对 BI 和分析型引擎最好的加速。

随之，TiDB HTAP 架构演化为 TiKV 和 TiFlash 共同组成的行列混合的存储架构引擎，如图 5.5 所示。使用 TiDB 作为共享的 SQL 入口，共享前端，用同样的数据权限管控，优化器会自动根据代价来选择行存或者列存方式。TiDB 4.0 架构不完美的地方主要体现在存储和计算能力之间的不匹配。对存储节点而言，TiKV 或者 TiFlash，舒适区是在数据量为几百 TB 这个级别。从算力上讲，TiDB-Server 虽然可以多机部署，但是多机部署本身无法实现多机协同，缺少共同做一个大复杂查询切分的能力。形象一点来说，在 TiDB 4.0 以及之前，TiDB 拥有非常强大的数据存储能力，就像图 5.6 中小熊玩偶拥有的庞大身体，但计算能力就像小熊玩偶的头部，两者是不成比例的。

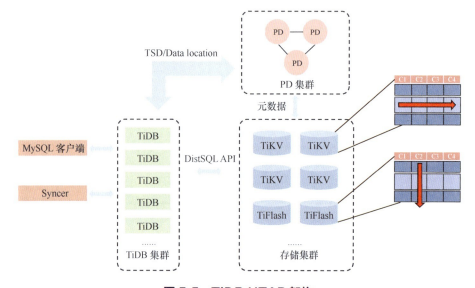

图 5.5　TiDB HTAP 架构

在 TiDB 5.0 中，TiFlash 引入了 MPP 架构，使得整个 TiFlash 从单纯的存储节点升级成为一个全功能的分析引擎，保留单一的入口，使用同样的权限控制，OLTP 和 OLAP 仍然由优化器提供自动选择。

在 TiDB 4.0 中，OLTP 和 OLAP 的选择只涉及选择行存或者选择列存，TiDB 5.0 则可以提供更多维度的选择，例如选择 MPP 引擎或者选择用单机来进行计算。在架构更新的同时，TiDB 5.0 基于 MPP 引擎，提供了超越传统大数据解决方案的性能。

图 5.6 小熊玩偶

在 TiDB 5.0 中，TiFlash 会全面增强 TiDB 的计算能力。基于 MPP 架构（见图 5.7），TiFlash 将具体的计算过程交给优化器去决策。优化器会把使用行存、列存、某些索引、单机引擎、MPP 引擎，或者是使用不同组合产生的不同执行计划，都纳入同一个代价模型中进行评估，最后选出一个最优的执行计划。假设某查询业务需要根据某一个人的订单号去查询当前的订单，这是一个点查的查询，优化器将直接向 TiKV 发送点查请求。如果有一个报表类查询需求，需要关联百万甚至千万级别的表，并在关联的结果之上再进行聚合与分析，这就是一个**典型的 MPP 加列存的查询**，优化器就会把这部分查询下发给 TiFlash 的分析型引擎节点进行计算。

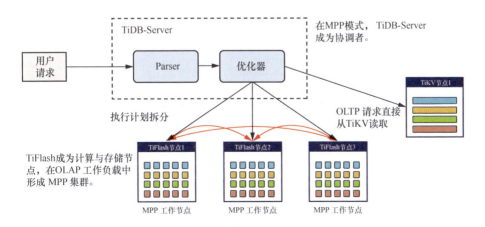

图 5.7 TiDB MPP 架构

图 5.8 展示了分析型引擎的执行计划拆分和处理流程。图中所有虚线框都代表一组节点的物理边界，例如右上角的一个查询，需要使用函数 SELECT COUNT 关联两张表，并按照条件排序。这样的一个表查询就会被拆分成一个查询计划，由两组机器进行扫描，这两组机器可能是共享同一组硬件资源，有一组节点负责扫描左表，另一组节点负责扫描右表，两组节点分别按照关联查询条件关联（Join）数据，同样的数据会被关联到一起，属于同一个分片的数据都会到达同一组机器或者同一个机器上，机器再进行局部的关联，把结果合并产生一个完整的结果，最后进行聚合后返回给用户。这就是 MPP 架构带来的好处：大规模的查询可以很方便地通过多节点来进行分担。

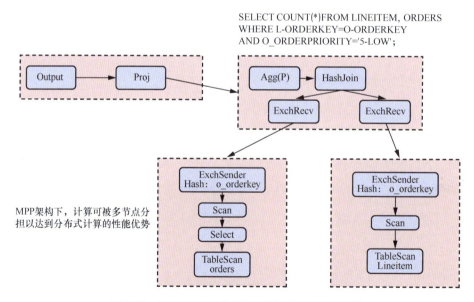

图 5.8　分析型引擎的执行计划拆分和处理流程

很多人关心 MPP 引擎到底有多快，图 5.9 展示了 2021 年 6 月 TiDB 5.0 一个真实场景对比测试的结果，横轴代表 TPC-H 测试中的 22 条 SQL 查询语句。在三节点 TPC-H 100GB 环境下，主表达到几亿规模的数据量，在同等硬件和资源投入下工作人员测试了执行不同查询所需的时间。从测试结果可以看到，**对比 Greenplum 6.15.0 和 Apache Spark 3.1.1，TiDB 5.0 MPP 表现出更好的性能加速，总体具备两三倍的性能优势，个别查询可达八倍的性能提升。**

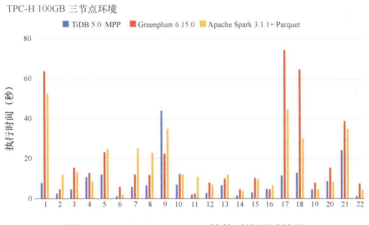

图 5.9 TiDB 5.0 MPP 性能对比测试结果

TiDB 5.0 的 HTAP，最终实现了把 OLTP 和 OLAP 完整地合二为一，使用同一个前端，数据库恢复到了接近于最初经典形态的样子。一个数据库其实可以同时处理各种形式的查询，数据库只要保证尽可能以高效的方式运行，返回用户需要的结果即可。用户只需要写 SQL，只管提出查询或者写入需求，不用管是 OLTP 类业务还是 OLAP 类业务，TiDB 提供统一入口，同一份逻辑数据，两种存储格式，依靠前端优化器自由选择最优的执行方式，对用户屏蔽了底层架构的复杂度。以下简要陈述三种典型场景下 TiDB HTAP 所能呈现的差异化能力。

◇ **混合负载场景**

在新一代 SaaS 等混合负载场景下（见图 5.10），使用 TiDB 可以承载 OLTP 类业务，同时使用 TiFlash 加速实时报表，加速对分析业务的查询响应。从架构上来说，以往需要有不同的数据链路去维护不同数据引擎之间的数据流转和存储，现在对用户而言只需要一个入口，一个 APP 服务器，不同的业务类型可以不加区分地接入这个 APP 服务器，APP 服务器向 TiDB 发送请求，TiDB 将不同的业务向不同的引擎进行分流和加速，整套技术架构栈变得非常简洁。这个架构对于数字原生企业非常有价值，无论是 C 端的泛电商、支付、物流、游戏，还是 B 端的 SaaS，都可以在业务快速发展的时候不再需要担心系统的架构修改，还能从一开始就获得强大的实时分析能力。

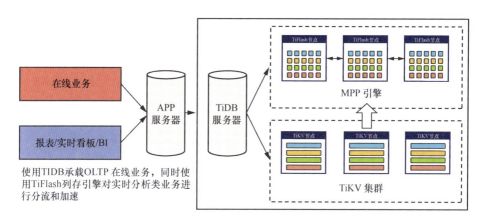

图 5.10　混合负载场景

◇ **流式计算场景**

数字时代，越来越多的业务对实时分析的需求更加迫切。在流式计算场景（见图 5.11）下，对于传统的日志流分析的需求，大数据提供了比较成熟的解决方案。在联机交易或者要求传统 OLTP 类数据库传输带有删改的数据，以及带有关联数据的场景下，TiDB 就是目前最理想的方案。

图 5.11　流式计算场景

在这种场景下，TiDB 可以非常方便地作为一个从库，挂接在 Oracle 或者 MySQL 数据库后面，不需要复杂的数据同步手段，借助 Kafka 或者其他数据管道来进行同步即可。TiDB 可以挂在 MySQL 后面作为从库或者作为

Oracle 的一个复制目的地。与此同时，如果希望做一些数据处理的话，用户也可以随时切换到传统的数据架构上。

TiDB 本身是一个带有 OLTP 类属性的 HTAP 数据库，对于任何实时的"删改增"落地，TiDB 可以达到实时响应，整条数据链路可以实现秒级查询。 TiDB 本身的行列混合属性也意味着，数据落地不论是明细数据的明细查询，还是对于数据的各种不同维度的实时聚合，都可以很好地响应。

◇ **数据中枢场景**

在数据中枢场景（见图 5.12）中，假设前端有多个业务线，每个业务线都有自己不同的 OLTP 类数据库，例如财务、EPR、销售、仓储数据库，有 Click Stream、User Profile，也有产品库，还有用户登录和第三方不同的数据源，这些数据存放在各自的数据库中，可以通过 CDC 的方式或者通过 Kafka 实时集成到 TiDB 里面。这些从不同数据源、不同业务线整合过来的数据，可以放在数据中枢层。

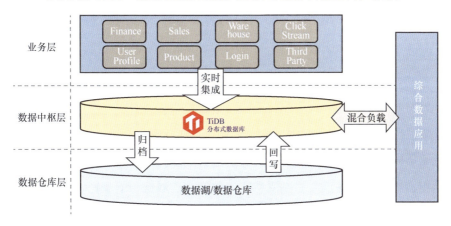

图 5.12 数据中枢场景

数据中枢层是相对于离线数仓（全称数据仓库）层的一个概念。 首先它只存放一段时间内的数据，而离线数仓可能会放更久远的历史数据；数据中枢层更倾向于存放温和热的数据，可以提供实时的数据存取和查询服务。相对于大数据和离线数仓层而言，数据中枢层可以直接对接数据应用端，既可以承接高并发访问,又能够以数据服务的形式来提供全量数据的存取,而离线数仓和数据湖更倾向于离线的方式,通常提供不太新鲜的数据来进行报表与 BI 类查询。

当 TiDB 集成到整个数据平台当中,它充当了一个数据中枢的角色。即使数据平台中已经有了离线数仓层和 Hadoop 平台,仍然可以把 TiDB 放在业务层、Hadoop 层,或者在数据仓库层之间,作为提供一个实时数据存储和管理的平台,用来满足越来越多的用户对实时存取与实时分析数据的需求。

从以上几个场景可以看到,**TiDB 的能力已经超越了一个分布式关系数据库本身**。随着 TiDB 5.0 MPP 的引入以及多项企业级特性的增强,TiDB 已经发展成为**一栈式数据服务生态**。在整个数据服务生态中,并不是只有 PingCAP 在创造和建设,广大社区贡献者们也参与了这套生态的共建和迭代,总计有 538 位贡献者提交了一万多个 PR,例如知乎就给社区贡献了多个与大数据生态相关的组件和生态工具,对于大体量用户的业务场景极具应用价值。

TiDB+Flink 混搭成为实时数仓

除以上几个场景的解决方案外,TiDB 也可通过和其他数据服务产品"混搭"形成新的数据服务解决方案,如通过和同样是开源的大数据计算引擎 Flink 混搭形成实时数仓解决方案。

数据仓库的概念在 20 世纪 90 年代由比尔 · 恩门(Bill Inmon)提出,是指一个面向主题的、集成的、相对稳定的、反映历史变化的集合,用于支持管理决策。当时的数据仓库通过消息队列收集来自数据源的数据,通过每天或每周进行一次计算以供报表使用,也称为离线数仓。

进入 21 世纪,随着计算技术的发展,以及整体算力的提升,决策的主体逐渐从人工控制转变为计算机算法,出现了实时推荐、实时监控分析等需求,对应的决策周期由天级逐步变为秒级,在这些场景下,实时数仓应运而生。随着企业业务种类越来越多,业务数据量越来越大,当发展到一定规模时,传统的数据存储结构将无法满足企业需求,实时数仓就变成了一个必要的基础服务。以维表（也称维度表）连接为例，数据在业务数据源中以范式表的形式存储，在分析时需要做大量的连接操作，降低性能。如果在数据清洗和导入过程中就能流式地完成连接，分析时就无须再次连接，从而提升查询性能。

Flink 是一个低延迟、高吞吐、流批统一的大数据计算引擎，被普遍用于高实时性场景下的实时计算。得益于新版 Flink 对 SQL 的支持，以及 TiDB HTAP 的特性，双方探索出一个高效、易用的 Flink+TiDB 实时数仓解决方案。在实时数仓架构中，TiDB 既可以作为数据源的业务数据库，进行业务查询的处理；又可以作为实时 OLAP 引擎，进行分析型场景的计算。这样一来，Flink+TiDB 的方案就具备了很明显的优势：首先体现在速度有保障，两者都可以通过水平扩展节点来增加算力；其次，学习和配置成本相对较低，因为 TiDB 高度兼容 MySQL 协议，而最新版本的 Flink 也可以通过 FlinkSQL 和各种开源连接器来编写与提交任务，节省了用户的学习成本。

Flink+TiDB 有多种常用的最佳实践。可以以 MySQL 作为数据源，使用 Ververica 官方提供的 flink-connector-mysql-cdc。Flink 既可以作为采集层采集 MySQL 的二进制日志生成动态表，也可以作为流计算层实现流式计算，如流式关联、预聚合等。Flink 通过 JDBC（Java 数据库连接器）将计算完成的数据写入 TiDB 中。在 MySQL 和 TiDB 都准备好对应数据库与表的情况下，甚至可以通过只编写 FlinkSQL 来完成任务的注册与提交，这称为简便架构；也可以用 Kafka 对接 Flink。如果数据已经从其他途径存放到了 Kafka 中，可以方便地通过 Flink Kafka Connector 使 Flink 从 Kafka 中获得数据。还可以直接以 TiDB 作为数据源，利用 TiCDC 这款通过拉取 TiKV 变更日志实现的 TiDB 增量数据同步工具，将 TiDB 的变更数据输出到消息队列中，再由 Flink 提取。

通过将这些最佳实践应用到多个客户（如小红书、PatSnap）的真实业务场景中，TiDB 生态随之自然地拓展到了实时数仓领域，并且在该领域中，TiDB 生态并没有止步于此。通过集成 Pravega 等新型流式存储组件，实时数仓可以规避掉 Kafka 在设计上的一些副作用，比如对多副本的依赖。这一改变直击运维人员的痛点：对数据的正确性、系统的稳定性及易用性的需求。对于实时数仓的四大部分，即实时数据采集端、数仓存储层、实时计算层、实时应用层而言，多技术栈的融合有助于构建一套无边界的大数据基础平台，同时支撑分析挖掘、业务上线和批流处理。在 TiDB 5.0 引入了 MPP 架构后，一些订单交易系统，可能因为促销活动迅速达到业务高峰。往往这种瞬时流量高峰需要商家能够快速进行分析类的查询，从而在限定时间内给出反馈以影响下单者的决策。传统的实时数仓架构很难承载短时间内的流量高峰，随之的分析操作可能会需要大量的时间来完成。如果使用传统的计算引擎，可能无法做到秒级的聚合分析操作。有了 MPP，就可以**将能预测的流量高峰转换成扩容的物理成本，做到秒级的响应。**在 MPP 加持下，TiDB 能够更好地处理分析类型的海量数据查询。从这里就可以看出，开放生态中每个组件的进化都在潜移默化地优化整个生态。

案例研究：网易游戏数据价值兑现实践

网易游戏最开始引入 TiDB 是出于分析需求。在一开始使用 TiDB 时，网易游戏发现由于分布式事务要做两阶段提交，并且底层还需要做 Raft 复制，如果单个事务非常大，会使提交过程非常慢，会卡住 Raft 复制流程。为了避免系统出现被卡住的情况，TiDB 对事务的大小做了限制，具体限制的内容有单事务的 SQL 语句数、KV（键值）对数目和大小、单 KV 对大小等。了解到这个限制后，解决办法就是**把大的事务按业务需求切分为多个小事务分批执行**，但是手动开启事务切分后，大事务的原子性就无法保证，只能保证每个批次的小事务原子性，从整个任务的全局角度来看，**数据出现了不一致的情况。**

TiDB 4.0 对大事务进行了深度优化，不仅取消了一些限制，而且将单事务大小限制从 100MB 直接放宽到 10GB，优化了 100 倍。但与此同时也带来了另一个问题：如果用程序 JDBC+TiDB 方式处理，效率其实不高，处理时间往往需要持续数小时，甚至几十小时。

那么该如何提高计算任务的整体吞吐量？答案是 TiSpark，其结构框架如图 5.13 所示。

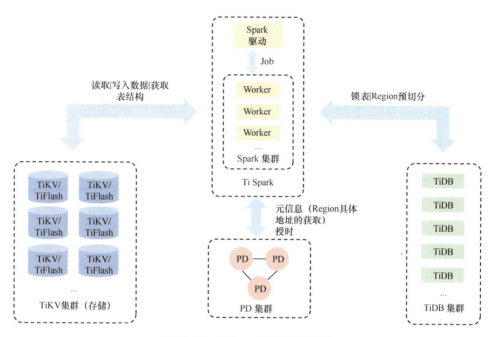

图 5.13　TiSpark 的结构框架

TiSpark 是在 Spark 基础上开发的一个插件，它可以高效地从 TiKV 读取数据，同时支持索引查找和计算下推策略，有很高的查询性能。网易游戏在实践过程中发现，使用 TiSpark 读取 TiKV 的方式，拥有非常高的读取吞吐量，同时也有很高的写入性能。有了 TiSpark，可以直接通过 Spark 工具访问 TiKV 数据；通过 TiSpark 就可以处理比较复杂、数据量比较大的运算。但是，无论是用 TiSpark+JDBC 写入还是用 TiSpark 批量写入 TiKV，都各有问题。前者能够自动切分大事务，但不一定能保证事务的原子性和隔离性，且处理故障时需要人工介入，而后者则不能自动切分大事务，如果没有对输入/输出进行限制，很容易引发性能抖动，导致访问延迟增加，也会对其他线上业务产生影响。

如何才可以做到有效隔离并且不引发性能抖动？或许 TiFlash 列式存储（简称列存）引擎（见图 5.14）能提供答案。

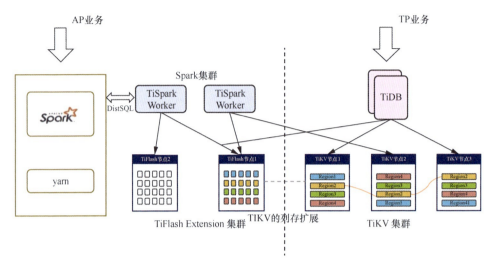

图 5.14　TiFlash 列式存储引擎

TiFlash 作为 TiKV 行式存储引擎的补充，是 TiKV 数据的 Raft 副本。TiFlash 作为在 TiKV 基础上的列式副本，通过 Raft 协议保证数据同步的一致性和完整性。这样同样的一份数据就可以存储在两个存储引擎里面。TiKV 保存的是行式数据，TiFlash 保存的是列式数据。在做 Spark 的计算分析时，可以直接从 TiFlash 集群进行读取，计算效率会非常高。用列式数据做分析，对于行式数据来说简直就是降维打击。

在网易游戏用户画像的部分指标计算场景中，使用 TiSpark+TiFlash 后，不同业务内容的 SQL 处理速度相比 TiSpark+TiKV 快了至少四倍。所以使用 TiFlash 之后，离线批处理效率有了质的提升。

随着业务规模的扩大和应用场景的增加，不同的数据存储在不同的存储引擎，比如日志数据存储在 Hive，数据库数据存储在 TiDB，跨数据源访问需要大量数据迁移，耗时且费力。能否直接打通不同数据源，实现跨源互访？针对这个问题网易游戏采用了 JSpark 工具。**JSpark 是为了打通底层的不同存储引擎，实现跨源访问目标而开发的一个离线计算工具**。这个工具的核心是 TiSpark+Spark 组件；Spark 作为桥梁，可以实现不同数据源的访问。其具体框架如图 5.15 所示。

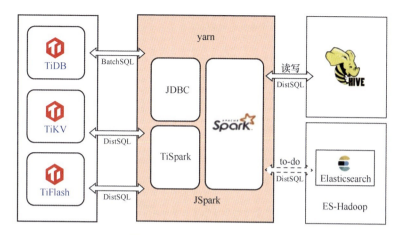

图 5.15　JSpark 框架图

JSpark 基于 TiSpark 和 JDBC 进行封装，在 TiKV 可以进行数据读写，在 TiFlash 可以进行列式 AP 计算，在 TiDB 可以做常规的 SQL 计算，目前网易游戏已经封装实现了 TiDB 和 Hive 的相互读写功能，后续的 JSpark 工具将会支持 TiDB 与 ES 的读写互访，实现 TiDB、Hive、ES 多源数据访问。

JSpark 目前是离线计算的核心框架，除此之外还与 JFlink 实时计算框架相结合，共同组成了大数据处理能力。JSpark 负责离线大数据计算框架，JFlink 负责实时计算框架，两者共同组成了 HTAP 的数据体系。

首先，将线上数据实时同步汇总到 TiDB 集群，再依靠 JSpark+JFlink 在 TiDB 和其他数据源进行离线与实时计算，产出用户画像等指标分析数据，反馈线上业务查询。

经过三年的发展，网易游戏的集群总实例数量达 170 个，数据规模达到 100 多 TB 级别，业务涵盖用户画像、防沉迷、运营、报表、业务监控等多个方面，并且业务规模和集群规模也在不断发展和扩大中。网易游戏数据架构的发展也较为完整地展示了 TiDB 的数据价值兑现不断完善的演化过程，对混合负载的数据实施跨数据源离线计算和流式计算，实现了从批量事务到 HTAP 的全面支持。

第三节

融入国际生态主流

PingCAP 核心产品 TiDB 的诞生，源自一篇基础性的论文，在发展过程中也受益于各种开源力量和组织。在发展七年后的今天（指 2021 年），PingCAP 在具有广泛国际影响力的开源组织 CNCF 中已经成为一颗耀眼的新星，并在数据库顶级会议 VLDB（Very Large Database，超大型数据库）上发表了重要论文，让全世界开始关注 TiDB 这个来自中国的一流产品背后的学术和工程实力。通过深度参与这些国际组织和中国计算机学会的研发与学术活动，PingCAP 融入了国际开源生态的主流，并发挥着越来越重要的引领作用。

刘奇的 Hacker News 情结和黄东旭的布道范儿

从一开始在 GitHub 上开源，TiDB 就是一个全球化的产品。融入国际化生态的想法有很多时候就体现于创始人的思维习惯和工作习惯，PingCAP 在早期经常被称为"传说中 CEO 永远不在办公室的公司"。在众多不在办公室的活动中，刘奇很喜欢在 Hacker News 看帖子和发表意见，他已经成为 PingCAP 在 Hacker News 里积分最高的 KOL（关键意见领袖）。Hacker News 是美国著名创业孵化器 Y Combinator 投资的一个极客范儿的论坛，有着极为严格的算法规则用于防止作弊，所有的极客都凭借技术洞见和分享获得认可。TiDB 产品在很早期就出现在 Hacker News 的头条新闻中，从而获得社区的高关注度，也是以这样的方式在外部世界广为认知。图 5.16 展示了在 Hacker News 中讨论热度高的 TiDB 相关产品的新闻。

而黄东旭几乎从 TiDB 产品一开始就开启了北美的布道旅程，而他的英语水平也在一次次的分享中越来越高，图 5.17 展示了黄东旭在开源数据库技术大会 Percona Live 2019 的布道现场。另外，两个人还有一个共同的爱好就是看英文论文。创始人的这些偏好是 PingCAP 得以融入全球化潮流的基础。

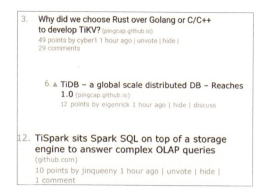

图 5.16　在 Hacker News 中讨论热度高的 TiDB 相关产品的新闻

图 5.17　黄东旭在开源数据库技术大会 Percona Live 2019 的布道现场

CNCF 经典项目 TiKV 和明星项目 Chaos Mesh

云原生计算基金会 CNCF 成立于 2015 年 7 月，是 Linux 基金会旗下的非营利组织，成立的初衷是推动云原生计算的发展，帮助云原生技术开发人员构建出色的产品。CNCF 成立后备受推崇，越来越多的项目和成员加入进来。截至目前，CNCF 聚集的会员超过 15 万，项目贡献者超过 8.5 万。

CNCF 中的每个项目都有一个相关的成熟度级别。CNCF 项目可以分为 Sandbox（沙箱托管）、Incubating（孵化）和 Graduation（毕业）三个阶段，根据成熟度级别，每个 CNCF 项目会逐步走过它的早期沙箱托管以及孵化阶段从而毕业。任何项目进入 CNCF 都需要经过投票，需要三分之二的绝对多数人同意，才能被接受为孵化或毕业。CNCF 作为专为云原生软件构建可持续生态系统的基金会，专业性和权威性是毋庸置疑的，它为云生态系统中的竞争玩家提供了一个中立的基础。

在 2021 年度的 CNCF 项目中，PingCAP 创立的 TiKV 分布式键值数据库项目再度跻身 CNCF 项目活跃度的前列；从 2021 年 CNCF 厂商贡献度排名可以看到，PingCAP 进入全球贡献度排名的前十。PingCAP 作为一家独立的开源厂商，目前正在和阿里巴巴、华为、百度等大型企业共同建设开源、引领开源。

TiKV 最初是由 PingCAP 团队在 2016 年 1 月作为 TiDB 的底层存储引擎设计并开发的，第一版于 2016 年 4 月开源，2018 年 8 月被 CNCF 宣布接纳为沙箱云原生项目，并在 2019 年 5 月从沙箱晋级至孵化项目。2020 年 9 月，TiKV 从孵化项目晋升为毕业项目。CNCF 的 CTO 兼 COO（首席运营官）、OCI（开放容器联盟）执行总监 Chris Aniszczyk 对 TiKV 项目高度赞扬，称赞它是 CNCF 第一个基于 Rust 的项目，是一个灵活可扩展的云原生键值存储数据库。

在设计之初，TiKV 就充分考虑到云原生的诉求，所以它可以很好地集成到现有云原生计算生态系统当中。而且，TiKV 项目使用 Prometheus（一套开源的系统监控报警框架）进行集群监控，使用 gRPC 进行通信，可以部署在 K8s 上，采用 Operator（TiDB 运维工具）简化安装、升级和维护过程。作为一个基础组件，TiKV 可以用作构建其他系统的基石。

黄东旭表示：“TiKV 早在创建之初，就不仅仅是作为 TiDB 的引擎存储。我们将它放在 CNCF 管理，通过提供可靠、高质量、实用的存储基础来启用和支持下一代数据库。TiKV 项目正式从 CNCF 毕业意味着 TiKV 在产品成熟度、项目采用率以及社区持续性等方面已经取得了极大的进展，可以应用到各类行业、各种规模的生产环境中了。”

除了 TiKV 这样的"经典"项目以外，PingCAP 还为 CNCF 贡献了一个耀眼的"明星"项目，这就是 Chaos Mesh。Chaos Mesh 最初作为开源分布式数据库 TiDB 的测试平台而创建，是一个多功能混沌工程平台，可在 K8s 环境中编排混沌实验。它通过帮助识别潜在的故障点，确保 K8s 的基础设施能够承受意外中断。用通俗的话来说，Chaos Mesh 就是一个为分布式系统制造"人工地震"的发生器，让基于云原生架构的企业用户可以提前识别极限场景下的故障点。

目前已有超过 50 个组织采用 Chaos Mesh 来测试和提高其分布式系统的弹性，包括字节跳动、DataStax、Percona、Prudential、网易伏羲、RabbitMQ、茄子快传、小鹏汽车等。此外，Microsoft Azure Chaos Studio 等云提供商也已经将 Chaos Mesh 集成到其 SaaS 解决方案中，允许用户将故障注入 AKS（Azure Kubernetes 服务）集群。以上的许多组织也为项目做出了贡献。

Chaos Mesh 采用 K8s 架构，使用 K8s CRD 定义混沌对象。它还可以与 Argo、Grafana 和 Prometheus 等其他云原生项目紧密集成，使混沌体验更易于管理、定制和观察。

2020 年 7 月，CNCF 宣布云原生的混沌工程 Chaos Mesh 正式进入 CNCF 沙箱托管项目，这是 CNCF 接纳的第二个由 PingCAP 团队设计并研发的项目。

2022 年 2 月底，CNCF 技术监督委员会通过投票表决，接纳将 Chaos Mesh 从沙箱托管项目升级为 CNCF 的孵化项目。

"我们打造 Chaos Mesh 的目标很简单，就是简化混沌工程，让复杂的系统能够拥有应有的弹性。"Chaos Mesh 项目维护负责人、PingCAP 混沌工程产品负责人殷成文表示，"**社区和生态系统的力量对于实现这一目标至关重要**。我们很高兴看到 Chaos Mesh 成为孵化项目。CNCF 是云原生生态系统的推动力量，在社区的支持和指导下，将帮助我们进一步发展混沌工程。"

在 VLDB 和中国计算机学会发挥学术影响力

2020 年，PingCAP 的一篇精彩论文——*TiDB: A Raft-based HTAP Database*（《TiDB：基于 Raft 的 HTAP 数据库》）被数据库国际顶级会议 VLDB 2020 收录，在国际上引起了广泛关注。在该论文中，PingCAP 重点介绍了 TiDB 作为一款定位于在线事务处理和在线实时分析（HTAP）混合负载融合型分布式数据库产品的系统架构和核心特性。TiDB 的研发思想受到了谷歌发布的 Spanner/F1 论文，以及 2014 年工业级分布式一致性协议算法 Raft 论文的启发。经过五年多的产品研发、生产环境上线验证，PingCAP 取得了一系列成果，此次被 VLDB 2020 收录也是对学术界的反哺。

除了论文，PingCAP 还与中国计算机学会数据库专业委员会签署合作协议（见图 5.18），在 2021 年成为数据库专业委员会 VLDB Summer School（VLDB 暑期学校）的独家协办单位，依托双方在数据库学术界的前沿探索和工业界的实践经验，在人才培养、科研合作、技术创新等领域共同前进。

图 5.18　PingCAP 与中国计算机学会数据库专业委员会签署合作协议现场

通过此次合作，双方希望在加深国内学术界对数据库发展趋势及业界应用了解的同时将开源思想带进校园，并在此基础上立足应用场景，研发具有特色的数据管理技术和系统。

数据库专业委员会 VLDB Summer School 由 VLDB 基金会赞助，中国计算机学会数据库专业委员会主办，已举办 19 届（截至 2021 年），宗旨是培养数据库理论和技术研究领域的青年学者。在此次 VLDB Summer School 中，PingCAP 将协助数据库专业委员会招募全球优秀的数据库专家和讲师参与课程教学，组织前沿理论讲座，传授以 TiDB 为基础的数据库知识，传递工业界最先进的场景及实践，同时将开源的研发模式融入教学中，并且基于 TiDB 带领学员完成实际案例学习。

PingCAP 的飞速发展离不开学术界的支持，其也在通过工业实践反哺学术界。在国内 PingCAP 已经与华中科技大学、清华大学等高校开展合作，深入探索数据库内核，并且通过 PingCAP Education 建立了完整的技术生态，从内核研发、部署运维、应用开发等多个角度为校企培养、输送人才。

第四节

生态的源头活水：人才和教育

开源技术公司的核心竞争力是什么？所有的东西都开源，是不是别人就可以直接抄了？这其实是对开源技术公司的误解。开源技术公司最核心的竞争力是庞大的社区和极快的奔跑速度，任何第三方尝试去抄袭都会面临一个问题：它会变成一个新的分支，而这个分支社区不会追随。它的奔跑速度就比不上原来的主干，因为原来的主干会聚集大量的人才。对于公司而言，它肯定需要有一个能够立得住整个社区的产品才能保持吸引力，这个产品既需要很高的技术天花板，也需要很广的适用场景；而对于 PingCAP 来说，这个产品就是最顶级的开源数据库。

怎样才能做到最顶级？如果只列出一个条件，那就是最好的人才，所谓"人才的护城河"。但最好的人才不多，因为最好的人才需要各种维度的激励。开源技术公司天然的优势是集中了全社会的资源，有无数的公司测试开源技术公司的产品，有无数的公司将其推到线上去，提他们自己的 PR 给这个产品，这样一来会对开源技术公司提出新的需求，让更多人受益，这就是良性循环的过程。

公司的竞争说到底就是人才的竞争，因为一切事情都是人做的。因此，PingCAP 把人放在最高的位置，然后再考虑公司的制度怎么制定，做事情的某些方式是不是符合人的直觉等等。

以打造产品的方式打造企业

当然，只有人才是不够的，人才必须被放到一个好的组织架构下，才能发挥才华。PingCAP 从公司创立开始，几位创始人就思考："我们应该做一个什么样的公司？公司的管理应该遵循怎样的原则？"

PingCAP 选择了**以打造产品的方式打造企业的理念**：建立一家"分布

式企业"。

首先,PingCAP 在办公方式上选择了"远程友好"。PingCAP 从公司建立之初就开始践行远程办公文化,这是出于多方面的考虑。

- 团队的几位联合创始人都是工程师出身,他们厌恶低效的形式主义,认为自由的工作形式能够提高工作效率。

- 作为一家初创公司,几位联合创始人不希望人才因为地域的限制而不能加入自己的团队。比如 PingCAP 的首席架构师唐刘,他是 PingCAP 招聘的第一位员工,因为家庭的原因不能到北京,一直都是在珠海的家里远程工作的。

- PingCAP 的员工分布全球。基于开源的开发模式,公司从一开始就被注入了远程工作的基因。

软件工程是一项以脑力为主要资源开展的工作,在如今高度发达的互联网技术支撑下天然适合远程工作。在硅谷,新一代的科技公司几乎都有远程工作的基因。但是也有很多人觉得远程工作不如集中工作效率高,为什么呢?PingCAP 初创团队认为,除了远程带来的沟通协作障碍,根源在于管理哲学是倾向于传统监管的管理思维还是自我驱动的管理思维,而 PingCAP 的企业文化一直倡导的是自我驱动的管理思维。

这个文化完美契合 PingCAP 开源领域的工作方向。比如:在 PingCAP,大家从来不进行任何形式的打卡;每周五公司都有例行的员工分享,议题不限;每一位同事都有机会站在台上分享自己的工作成果和心得;公司发给大家的周边产品都在设计、选材上精挑细选,限量供应,以期让每一个小伙伴都感受到温暖和尊重。这一切看似与 PingCAP 的远程办公无关,实际上一点一点将 PingCAP 变成了一个脱离形式、高于形式而存在的强大的远程组织。

当然远程工作也存在很多挑战,其中最大的挑战是沟通。PingCAP 并不会因为远程工作的条件约束,就减少沟通或不沟通,相反,大家的沟通可能会更多、更细致,而且形式不再局限于面对面的会议,更多选择线上会议形式,既有例会,也有具体业务的沟通会。在例会上,为了让员工深入思考、全面了解信息，管理者很少直接做出决策。各个团队内部的项目沟通会，通常以周为单位召开，如果是比较重要、紧急的项目就以天为单位。

当然，对远程友好的办公地点只是 PingCAP 一种提高效率的方式，它有时也和正常的线下办公融合使用。PingCAP 在北京、上海、广州、深圳、成都、杭州、东京、新加坡市、硅谷等国内外各大城市和地区都有办公场所。远程工作虽然看起来很美，但是并不一定适合每一个人。人是社会化动物，很多时候大家需要从线上走到线下，和同事一起吃顿饭、聊聊天。因此，PingCAP 虽然选择采用远程的工作方式和文化，但是也保留了各地的办公室。PingCAP 有一个不成文的惯例：如果一个城市的员工超过了四个人，就会在当地找个办公室。

分布式系统还有个特点就是可以"避免单点故障"，这个特点也被 PingCAP 借鉴到企业的日常工作中，大家发现一切依赖特定人的系统都存在致命的单点故障。比如，做一件关键的事情，运营一家很厉害的公司或一个很棒的产品，如果依赖的是一个特别优秀的程序员或 CEO，就会有重大的隐患。

因此，在做任何组织架构调整时，一定要尽量避免任何人成为单点。换句话说，一个人要升级成管理者或团队领导者，他最重要的能力体现在把自己的能力赋予别人。CTO 黄东旭认为管理者最重要的能力之一是赋能，帮助别人成长才是最重要的事情。

所以，PingCAP 进行员工个人考核的时候，对于团队管理者的考核标准是，有没有培养出优秀的后辈。或者说，在每个人工作时，一个高优先级的后台任务，应该是想着如何培养接班人。

在分布式这个理念下，PingCAP 的组织架构更倾向于建立比较机动的小团队，采用小团队协作方式。

产教融合的数据库人才培养方式

本书第四章已经简要介绍过"人才计划"（Talent Plan）的缘起和一些学

员参与"人才计划"的故事，他们也成为社区活跃的新生力量，然而，"人才计划"的目的不仅是针对高校学生的培养，它也是连接产业界和学术界最重要的桥梁，它以一种创新的模式缓解了数据库人才的供需矛盾。

让我们先来算一笔账，以国内的人才需求状况为例，高校科班出身并投身于分布式数据库的开发者有 6000～7000 人，但这个行业的需求量大概是这个数字的 10 倍，也就是 6 万～7 万人。这个缺口不容小觑，如果不加以重视的话，数据库开发领域就会面临新鲜血液短缺，甚至缺乏持续动力、"后继无人"的境地。实际上这种情况已经出现了，TiDB 在创建的开始几年，最大的缺口就是找不到分布式数据库的研发人员，这一缺口随着分布式数据库的火热还在加大，它来自产业发展速度与人才培养惯性的结构性矛盾。

目前，国内高校中关于数据库的课程设置还是以数据库的使用，以及基于 MySQL 或 Oracle 等数据库做应用开发为主。在近十几年中，国内互联网经济引发的对于数据管理复杂度的需求催生了对更复杂 DBMS（数据库管理系统）人才的需求。但是产业需求传导回高校教育尚需时间，这就形成了很大的"时差"。另外，社会培训机构普遍瞄准的也是数据库运维等市场，而对于 DBMS 内核开发这样知识路径很深，且需要掌握编译原理、操作系统、分布式系统等基础知识，同时从整体人才需求量而言又不像前者这样大的课程缺乏投入的动力。

TiDB 的"人才计划"始于 2018 年，那一年开设了一个迷你的 Talent Plan 0.1 版本课程。与 PingCAP 有合作关系的学校的学生都能通过它快速地了解 TiDB 等产品。随着时间的推移，Talent Plan 从 0.1 版本、0.2 版本到 1.0 版本、2.0 版本，"人才计划"的路径模块、材料不断地增加。作为 PingCAP 出手的项目，最重要的特点当然在于，"人才计划"的所有课程从 0.1 版本起就是开源的。0.1 版本做出来以后，PingCAP 将它也放在 GitHub 上面。由于课程是英文的，逐渐地，与 PingCAP 还没建立合作关系的国内高校、国外的学校，包括麻省理工学院、卡内基梅隆大学，以及日本和欧洲的一些学校都加入进来了。

目前,"人才计划"在 GitHub 上(https://github.com/pingcap/talent-plan)达到 7000 多颗星,学习人数也达到 2000 多人,代码量达到 20 万行。学员来自 200 多所学校,其中包括约 50 所国外学校。尽管从一开始学习一个模块,到完整地提交作业,这一学习路径确实难度较大,但是走完全程的学生依然超过了 2000 个。目前从学习者视角看,课程已经发展为三个系列,即开源协作、Rust 编程和分布式数据库;五个学习路径,即 Rust 编译原理和实现,实现一个迷你版本分布式关系型数据库,实现一个迷你版本分布式 KV 数据库,参与工业级开源分布式数据库 TiDB 开发,参与工业级开源分布式 KV 数据库 TiKV 开发;学习内容更是涵盖了 SQL 语句基础知识、编译原理前端、DDL 异步变更算法、SQL 优化原理与优化器实现、统计信息与代价估算、Join reorder(重新排序)、执行引擎、物理算子的实现、KV 单机存储引擎(LSM-Tree)、Raft 一致性协议,Percolator 分布式事务模型,Go 语言,Rust 语言及开源协同工具等方方面面。

PingCAP 非常认同"人才计划",因为它解决的是产业界的问题,而不是光解决了 PingCAP 的问题。在这个人才困局面前,PingCAP 所有的行业竞争对手都是友商,大家面临的问题是一样的,这是一件有利于行业、有利于国家和社会的事情,所以 PingCAP 会一直持续地投入下去。

PingCAP 用开源抹去了工程界和学术界之间的界线,并且改变了教学模式,不再有传统的老师和学生之分,在学习社区里大家是共同学研的平等关系。所以说,开源不仅改变了软件的开发模式,还改变了产学研的模式。

第六章

向云而生
开源之机，

第一节
数字化大三角中的新一代数据库

在未来 10 年甚至更长久的社会发展过程中，如果只说最重要的、最确定的一个变化，那无疑是数字化的全面加速。据知名分析机构 IDC 预测，未来 5 年，全球的创新数字化场景应用数量会是过去 40 年的总和。数字化全面加速将引爆数字化场景在数量和效率上的极大增长，从而也会让人们对底层技术，或者称为通用技术产生巨大的需求。在步入这个令人兴奋的新时代之际，我们需要静下心来思考，在纷繁的创新背后不变的规律和逻辑是什么。

任何数字化进程的最底层基质都必然是数据，离开数据一切都无从谈起。数据无时无刻不从分布于世界各个角落的终端产生，又经由无处不在的链路流转和变换，成为无形又无限的计算引擎和燃料，尔后以全新的形态流入一个又一个环节。对于这些需求最为本质的概括，则是提供实时和稳定数据的供给。数据必须在需要的时限内，以需要的形式，出现在需要的场景里。这个看上去朴实无华的表述，却是近半个世纪计算机科学与产业发展的结晶，也是未来几乎所有数字化创新的前提和基础。在前面的章节中已经详尽地描述过，要达成这样的目标，需要运用怎样复杂细致的工具和思想。一个看似平平无奇的业务场景，背后涉及的数据工具数量成百上千，而这些工具运作时所使用的数据源也完全可能是千头万绪。这就产生两个最本质的问题。数据工具如何制造和互动？数据供应链如何高效稳定地满足每一个用户的需求？

答案是：**开源技术体系**和**云基础设施**。

开源技术体系上游的开源社区是整个创新的源头，工程师们如同站在了巨人的肩膀上，避免了闭门造车、重复发明轮子的现象。开源社区通过全球协作的开源项目，以不断交付的方式形成源头创新；再通过这种源头创新的方式，不断把创新的技术通过全球社区协作的方式生产出来。开源社区实际上已经成为新技术无可取代的创新引擎，可解决数据工具的生产问题，相当于乐高玩具的组件。

但是对成熟的用户，尤其是企业级用户而言，他们无法直接面对这样日新月异、层出不穷的开源产品，往往需要一个稳定、操作简易、随时随处可用的基础设施。云基础设施便应运而生，其中包括云原生技术、多云跨云的聚合和运维工具等，这些设施提供了一个交互环境和聚合环境，形成各种"乐高式"的组装环境。如果把单个开源项目当作乐高的一个组件的话，云基础设施就是拼出任意复杂模型的底座，这就避免了用户先自行用大量组件自己搭建底座，而可以直接在该底座上拼接和交付自己的理想作品，支持自己业务特有的场景。

这样一来，数字化场景、开源技术体系、云基础设施就形成了一个数字化三角体系，如图 6.1 所示。在数字化三角体系中，开源技术体系和云基础设施成为支持数字化加速的两大支柱，向上支撑数字化的各种创新场景。如何通过开源和云基础设施，包括云原生多云的模式去服务未来数字化场景？不少科技公司其实已经交出了完美的答卷，云上数仓 SnowFlake、开源数据库 MongoDB 以及大数据独角兽 Databricks 充分证明了"云计算 + 开源"的模式取得了全球范围的商业成功，下一代的数据分析和处理一定发生在云端，并且以开源的模式不断进行迭代和演进，这样才能够更好地服务于数字化场景。

图 6.1 数字化三角体系

威斯康星大学史蒂文斯角分校计算机和新媒体技术专业助理教授、著名技术观察家和作家史蒂夫·聚林（Steve Suehring），在 2022 年最新出版的《运用新一代数据库加速企业数字化转型》一书中，也有着类似观点。他指出数字化转型为企业提供了新的增长机会，而如何更快将数据价值变现成为实现这一目标的关键，新一代数据库在其中发挥的作用不容忽视。

◇ **业务增长与数据价值兑现的关系**

业务增长的主要驱动力是业务环境的变化，无论是来自业务内部还是外部。**这种变化是带来机会还是构成威胁，很大程度上取决于组织对变化做出反应的能力。**在许多情况下，商业环境的变化为通过竞争优势增加利润提供了机会。在计算机发展的早期，组织内只要拥有 IT 功能本身就是一种竞争优势。这些组织变得更有效率，并且在许多方面能够比他们的竞争对手更快地发现新机会。然而，如果大多数组织部署了计算资源，并通过简单的方法将其整合到业务流程中，这样的优势就不复存在了。时至今日，组织仍在从通过竞争优势发现的增长机会中寻求利润。和以前一样，竞争优势是短暂的。寻找竞争优势通常意味着筛选海量数据，但这些数据通常包含在经过多维度发展的独立系统中。**即使可以以连贯的方式分析来自不同孤立系统的数据，但生成数据的事件可能已经太陈旧而无法采用。**因此，即使发现了增长机会，再对机会采取行动或将机会推向市场也可能为时已晚。不幸的是，**将多个持续增长的数据孤岛整合在一起是一项艰巨的任务，有时会仅仅因为组织内部的制度而受到阻碍。我们需要一种完全不同的方法，即通过组织内部的数字化转型寻找增长机会**，就像早期的 IT 功能改变了业务本身的性质一样。

提高投资回报率意味着，**要选择能以重复且可靠的方式部署的云原生软件**。可重复部署有助于敏捷开发方法的实现，并使开发人员和测试人员能够根据需要创建和使用环境，而无须基础设施专家参与。这种以 DevOps（Development 和 Operations 的组合词，过程、方法与系统的统称）为中心的方法具有可扩展性，进一步有助于减少对技术的总体投资，从而提供获得更大回报的机会。

许多与 AI 相关的预测分析是众所周知的，有时可以很好地解决问题。**将预测转化为实时可操作的任务，然后大规模进行，这就是正在实施的数字化转型**。规模化分析平台非常适合查看历史数据，然后使用该历史数据来帮助预测未来。但是，能够根据传入的流数据进行预测对于真正的数字化转型是必要的。扩展简单的计算和存储资源是许多云原生组织的常见功能。然而，扩展与数据相关的功能更加困难，需要一种混合方法，将分析和事务数据库架构的组件结合起来。**HTAP 还需要无缝集成到基于云的架构中，而不是事后才添加云功能。**通过从分析和事务数据库中引入元素，**HTAP 能够帮助企业变得更加敏捷。**

◇ **新一代数据基础架构的主要特征**

新一代数据库需要具有高性能，即使数据库容量高达数十甚至数百太字节时也要保持如此。然而，除了原始速度和处理大量数据的能力，还有许多围绕数据库平台的功能可以考虑。这些考虑因素可能是成功的关键，它们能使企业获得并保持竞争优势。扩展的便利性是指通过增加计算或存储资源来满足响应时间和存储方面的性能需求的能力。满足现代应用程序所需的性能需求有时可能意味着过度构建或过度分配所需要的资源。常见解决方案是将数据划分或分片为逻辑段。然后将每个数据分片部署到不同的服务器，以平衡这些服务器之间的请求负载。但是，随着数据使用模式的变化，分片也可能成为热点，这时需要重新分片。但是，对数据进行重新分片是一个耗时的过程，可能导致资源未充分利用……**新一代数据库平台不必手动分片和重新分片数据，而是通过自动将数据分割成区域来管理复杂性并确保高可用性。**

分布式数据库架构中的所有三个主要层都可以相互独立地扩展。比如位于负载均衡器后面的端点服务器与协调数据存储的元数据管理层相结合，可以轻松地根据集群的需要进行扩展和缩减，并且和传统数据库相比，分布式数据库重新分片的耗时任务会变得更加自动化。

随着组织的发展和成熟，其对数据的使用也会发生变化。10 多年前开发的应用程序可能会将数据存储在遗留系统中，这些数据有时难以用于现代云部署应用程序。以这些现代应用程序可以使用的形式访问数据通常意味着复杂的 ETL 过程，创建和维护都非常耗时。有时数据孤岛不是技术因素导致的结果，而是由历史问题导致的。例如，组织的合并和收购经常导致不兼容的数据库系统融合在一起，合并这些系统可能很困难。使用下一代数据库时，数据孤岛的影响会降低。**HTAP 数据库支持数据孤岛的实时汇聚。**这样做有助于访问孤岛内的数据，开发人员无须再为如何从遗留数据孤岛访问数据而发愁。为开发人员提供方便使用的数据库能缩短应用程序的上市时间，并提高了部署后的性能。

存储在未得到广泛支持或过于复杂的存储引擎中的数据本身或存储这种数据的操作会增加应用程序开发生命周期的时间和风险。虽然大多数企业级数据库都得到了广泛支持，但有些操作很复杂，需要持续不断地操心及维护。这些都降低了数据的可访问性，增加了成本，从而增加了新的创新产品的上市时间。**支持 MySQL 抽象并使开发人员能够通过熟悉且支持良好的界面访问大量数据，可以进一步减少开发查询和创建应用程序所需的时间。**

每个组织的数字化转型路径都不同。许多组织面临着使数据处于孤立状态的遗留系统方面的挑战，有些组织则存在影响其转型的监管和合规问题。不过，所有组织都面临着一个共同的挑战，即**存储越来越多的数据并尽快从这些数据中获得洞察力**。

同时提供事务和分析组件的混合方法可帮助组织在数字化转型路径上前进。在交易和分析处理以及所涉及的各种技术组件之间寻找平衡点并不总是可以使用现有工具进行，有时成本可能过高。**使用本地功能而不是调整遗留系统是数字化转型的关键举措**，并且随着数据的扩展和组织沿着其数字化转型路径移动，这一举措变得更加重要。

◇ **新经济企业 DTC 的转型模式**

新经济是数字化技术和传统产业深度融合的产物，如何构建以数据为关键要素的数字经济成为新经济企业面临的一项重大课题。PingCAP 在过去两年服务了数百家新经济企业客户，这些客户的共同体会是：只有拥有新一代的数据基础设施和数据技术底座才能帮助他们在新经济浪潮中取得稳固的竞争优势。

DTC 是线上线下一体化、以直接面对消费者为核心目标的经营模式。结合中国的消费环境，**DTC 强调利用移动应用、小程序或其他线上渠道为所有消费者提供 360 度的全方位用户体验**，涵盖营销、履约、服务等几个重要方面。与传统的经营模式相比，DTC 的优势主要体现在更接近消费者、关注消费行为、重视消费者的生活形态。与此同时，通过跨越经营过程当中的各类中间环节，企业亦能够更简单、更直接地对消费者施加影响并评估效果，进而使企业经营的效率更高、成本更低、效果更直接。在中国，新冠肺炎疫情让许多行业充满了不确定性，改变了消费者的行为和心理，餐饮、零售、旅游、酒店行业发生了很大变化，一些知名商家纷纷关店，更多的商家开始迅速调整策略，引入 DTC 模式，把业务重心转到线上，因为疫情期间线上消费依然保持比较高的活跃度，经受住了冲击。无论是新兴潮牌喜茶、瑞幸，还是老牌巨头如肯德基，都下重金打造自有渠道、构建自己的品牌流量池，运营线上线下一体化的服务平台，在疫情期间保持了业务经营强健的稳定性。

以网络消费经济为代表的新动能，在这次疫情中显现出强劲的生命力。艾睿铂（AlixPartners）[全称艾睿铂投资咨询（上海）有限公司] 对 9 个国家和地区的 7000 多名消费者进行了调查，疫情期间线上的购物趋势在加速扩展，更多的国内消费者转移到了线上，近 55% 的消费者表示会更多地在线上购买服装和鞋类商品，而超过三分之一的消费者则表示会更多地在线上采购日用品，餐饮和日用品配送服务质量的提升也给消费者带来了更好的线上购物体验。国家统计局的数字也印证了有更多的消费者转移到线上：2020 年全国消费品零售总额受疫情影响比 2019 年下降 4.1%，而网上零售额却逆势增长，比 2019 年增长 10.9%；2021 年全国网上零售额依然保持增长的势头，在 2020 年的基础上实现 14.1% 的增长。随着消费者向线上的转移，企业与消费者在获取资讯、购物路径方面的数字触点也在急速地增加，除了线下门店的进店人次、驻留时长、刷脸支付等，线上自营电商、移动应用还产生了排号、预订、外卖等海量触点。**线下数据和线上数据的融合形成了新企业的私域数据，这些数据的获取和连接能力成为新经济企业关注的焦点。无论是肯德基还是携程，每天都需要面对上亿规模的消费者，过程中产生的数据量是巨大的，如何提升数据的实时与精准性，这个挑战前所未有。**

新经济企业 DTC 转型最大的挑战在于原有 "OLTP 数据库 + 大数据平台"

的模式无法支持一个实时化的数据平台，无法满足 DTC 转型特有的"实时数据运营"的需求。DTC 带来的业务诉求是：无论是服务数以亿计的消费者，还是让企业内部的一线人员获得即时的工作指引，都需要一个简化、聚合、一致、高扩展能力的实时数据服务平台；而无论是传统单机数据库，还是分库分表方式，Hadoop 时代的离线大数据分析平台都无法应对"实时数据运营"的需求。

此外，新经济企业的 IT 人员编制有限，无法效仿大型互联网公司的编制。相对于互联网公司来说，新经济企业对实时数据获取的需求往往大于绝对数据量的需求，因此不能照搬大型互联网公司复杂庞大的数据技术栈。很多新经济企业在还没开始规划大数据平台、数据湖仓等分析平台的时候就已经面对业务增长和实时数据分析的需求。新经济企业希望选用一个简化、融合的新型数据库平台，用极少的人力投入就可以实现 DTC 转型这个业务目标。**这个平台既可以支撑在线的业务交易，也可以提供一体化实时分析能力，为企业中的决策者和每位员工提供一个访问数据的"任意门"，实时地获取个性化的数据服务，从而真正地满足 DTC 转型对"实时数据运营"的需求。**

以新经济企业为例，我们可以看出，数字化场景需要企业构建自己的新一代数据基础设施，数据消费的实时化成为新一代数据库的标志性能力，进而与 AI、云结合演进到未来的数据服务架构，这是 PingCAP 关于未来技术和业务布局的核心理念与逻辑。

第二节

开源的主流发展趋势和中国力量

开源不仅是数字化大三角的关键支点，也是构成数字化时代的创新源动力。本节将通过盘点一些最近在开源界发生的重要事件及其对开源发展趋势的影响，进行一些对开源未来的思考。我们会看到，开源在全球软件产业进入主流视野和我国开源影响力的崛起这两个趋势，是 PingCAP 过去七年成长的产业背景。从全球范围看，我国开源产业刚好也就是在 21 世纪 10 年代的中期从参与者逐步崛起成为贡献者，而从 2018 年以来，硅谷的一众开源技术公司借助云服务模式开始服务大、中、小型企业，成为全球软件产业最具创新能力的力量，成为新的风景；对比 PingCAP 开源创业早期的孤独感，今天的开源产业已经进入热度很高的快速发展时期，在我国，这一变化主要发生在 2020 年之后。

从国内开源整体发展来看，我国开发者的影响力在加速增大：我国开发者对开源的关注度持续提升，参与开源的人数持续增长，参与质量提升显著。2021 年，GitHub 的我国开发者增长了约 103 万，达到 755 万，位列全球第二；Gitee 的我国开发者增长超 180 万，达到 800 万。这构成了我国开源产业的人才基础。

从贡献度来看，我国在顶级开源项目中的贡献度逐年增加，我国在国际开源事务中的影响力日渐提升，并且在国际社区中的贡献度也增加了。2021 年是我国开源进入企业软件主流市场的元年，大型企业在这一年加大了开源的力度，以华为、百度、阿里巴巴、腾讯为代表的大型科技企业是其中的重要角色。操作系统、数据库、人工智能、云原生是我国企业开源热度最高的四个领域。图 6.2 展示了数据库领域的流行趋势。2021 年，开源数据库的流行度历史上首次超过非开源数据库，更改了数据库 50 年的历史，开源历史性地成为主导者。其中，PingCAP 在开源数据库领域的中国影响力排名第一。

与开源同行：揭秘 PingCAP 七年创业实践

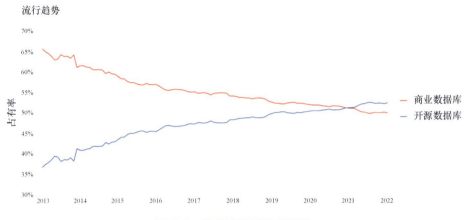

图 6.2 数据库领域流行趋势

2021 年 8 月，全球知名咨询公司 Gartner 对企业软件的发展趋势做出预测：数据技术已经成为企业软件最大且增速最快的赛道，未来五年的复合增长率将达到 17.5%，而这个赛道的主体已经为开源数据库和开源大数据技术栈所主导。开源软件成为各行各业兑现数据价值的最重要支撑。图 6.3 展现了 2021 年代表开源项目活跃度的全球数据库年度 PR 排名，来自中国的分布式数据库 TiDB 活跃度占据第三位。

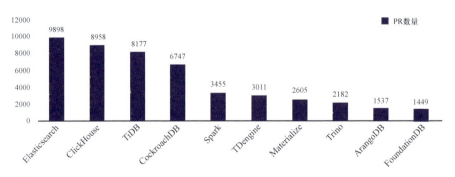

*原始数据来自 GitHub Archive，PingCAP 通过 TiDB Cloud 分析处理

图 6.3 2021 年全球数据库领域年度 PR 排名

中国的开源正在不断与国际接轨，在国际开源生态中的影响日渐增大，这样的发展也吸引了全球的目光。欧洲调查机构 MERICS（墨卡托中国研究中心）于 2021 年中期发布的《中国开源技术发展》研究报告指出：中国正在支

持一个充满活力的开源生态的发展；中国公司现在是国际开源社区的积极贡献者，中国已成为开源技术的主要消费者和贡献者；GitHub 上关注者最多的前五个账号中，有两个是中国人的。

当前中国也已经成为全球开源技术生态中的主要创新成员，在 2021 年度的 CNCF 项目中，从若干贡献维度综合考量，由中国人主导的开源项目，例如 VMware 中国研发团队的 Harbor 项目，以及 PingCAP 创立的 TiKV 分布式键值数据库项目跻身 CNCF 项目活跃度的前列。从 2021 年 CNCF 厂商贡献度排名可以看到，PingCAP 和阿里巴巴进入全球贡献度排名的前十，我国厂商在国际开源社区的影响力稳步增大，逐步缩小了和 Red Hat、谷歌等厂商的差距。

为了更好地对海量持续增长的开源项目做出有效洞察，PingCAP 推出了 OSS Insight 网站[1]，收集并分析了 GitHub 自 2011 年以来产生的超过 43 亿的事件数据，并提供自 2011 年以来基于赞星、贡献者数量、PR 数量、开发者所在地 / 所在国和所在企业等多维度的分析洞察，包括历年的分析洞察、实时分析洞察，用户甚至可以对自己感兴趣领域的特定维度定制分析洞察结果。该网站是 TiDB 社区的新成员，也充分利用了 TiDB 生态的 HTAP 特性，可以视为一个初步尝试使用和了解 TiDB 的切入点。

PingCAP 因为开源而生，OSS Insight 作为一个服务开源开发者的公益项目，目的在于让更多的开源开发者和开源软件企业受益，所谓念念不忘，必有回响。

---

[1] 网站的网址为 https://ossinsight.io。

第三节

终极想象还在云端

三年前，PingCAP CTO 黄东旭对于 TiDB 的未来有五大构想：向量化、实时 HTAP、IPC 和异步提交、TiDB DBaaS、本地事务异地多活。今天，这些都已变成了现实。

那么，未来三年或者更长远的时间里，TiDB 的真正优势是什么？ TiDB 的发展方向和想象空间在哪里？黄东旭在 2021 年几场重要的演讲分享和内部讨论里，阐述了他的思考。

TiDB 的真正优势在于技术开放性。架构开放意味着能够产生更多的连接，更多的连接意味着更快的迭代速度及更多的可能性。那么，单机数据库和分布式数据库最本质的区别是什么？分布式数据库工程师痛苦和幸福的根源在哪里？他们真正的敌人是什么？

黄东旭的答案是：**复杂性是真正的敌人**。TiDB 这么一个有几百万行代码的软件，跑在三台机器上的复杂性和三万台机器上的复杂性是完全不一样的。

说到复杂性，读者会联系起世界上最复杂的系统是什么。答案是生命，生命才是最复杂的系统。从复杂性的角度说，一个蜻蜓远比一个土星复杂，尽管后者的体积要大得多。而蜻蜓虽然小，设计的复杂和精妙远非行星可以比拟。人就更复杂了，每个人每天都在和这个世界发生各种各样的交互，这要求生命系统必须有一套对抗复杂性的法则。黄东旭认为只有**从生命系统的角度看，才能真正找到对抗复杂性的法则**。

"真正难的事情是把系统做简单，简单意味着美；在分布式体系的设计上，大道至简是不二箴言，让系统通过简单的规则自然演进，这才是持续可能性的起点。" TiDB 在这方面的设计理念和很多常规数据库不太一样。如果在技术上往深了思考，最根本的区别在于核心设计理念的差异。当理解了 TiDB 的核心设计理念，再去看 TiDB 的技术架构设计时，有很多具体的技术问题自然就能想通了，对 TiDB 的解决方案也就能够理解了。

一般人做分布式数据库的惯常思维是：首先，要做一个数据库；然后，做一个分布式数据库；最后，尝试把这些数据库上面的表做分片、分区，不同的分区放在不同的服务器上，这就是分布式了。

PingCAP 的起点就很反常规。创业之前，PingCAP 的几位创始人过去从来没有做过数据库，但他们都是分布式的忠实粉丝，他们有一个"疯狂"的想法：以定义数据最小的流转单元作为开始，做一个分布式数据库。就像定义细胞的分裂、合并、移动、复制、繁殖一样，用极简、正交、自洽的规则赋予这些细胞生命，让这些细胞长成一个数据库，这就是 TiDB 最核心的理念。

单机数据库和分布式数据库的本质区别是什么？

分布式数据库是可以在一台台的机器上不断生长的。

分布式架构的两地三中心、异地多活、跨地域数据分布能力、本地事务、动态热点打散、实时在线捞数、只读表等种种能力背后，有着一条看不到的金线。

所有这些技术名词都依赖一个能力——"可调度能力"。可调度能力是分布式系统区别于单机系统的最主要能力。可调度能力是开放的基础，开放架构能让数据库以不变应万变，这个万变就是在各个场景把自己重塑成更适合特定场景的数据库。在数据库的可调度性和松耦合的分离架构下，用户看到的数据库能力实际上是靠这些"乐高组件"快速组合起来的。

在 TiDB 这个分布式数据库中，细粒度调度的基石是 Raft Proxy，数据库的"细胞"就是基于 Raft 复制协议的复制组，TiDB 在一个个数据复制组上赋予它自我繁殖、分裂、合并、移动的能力。

TiFlash 本来只是 PingCAP 的思想实验，当时的想法是：能不能在 TiKV 这个细胞上多复制一小块，再干点别的事情？当时 TiDB 非常需要底层数据存储增加列存的数据结构，于是就让这个架构在副本上支持列存，TiDB 就有了 HTAP 能力。在这个基础上，PingCAP 的一个小团队不到两年时间就把整个实时 HTAP 系统做出来了。TiFlash 是可调度性理念一个绝佳的例子，关于这方面 PingCAP 还有很多其他创新想法，实时 HTAP 和 TiFlash 只是开始。

数据库这种软件的本质是什么？它的未来形态如何？

当我们抛开所有的数据结构、存储的能力，以及其他所有功能，数据库里面还剩下什么核心要素？如果把**数据库所有具象的概念都剥离开，实际上它只做两件事情，一是存储真实数据，二是编排索引。前者是把数据放在最合理的位置，后者是让人可以最高效地使用数据。**这样我们可以把整个数据库当成数据和索引的容器。索引其实就是一种特殊映射的表关系，也是一张表，它是索引的内容对应到数据上的映射关系。

现在，各种各样细分领域的数据库层出不穷，图数据库、向量搜索数据库、全文检索数据库等，TiDB 能不能把这些数据库的能力变成自己的索引能力？比如有一张表里面存储着用户的关系、用户的信息，大家知道对关系的搜索、查询用图模型更快，如果用传统的索引数据结构搜索、查询就会很慢。我们从这个角度思考，可以将 TiDB 的索引接入这些数据库，让它们作为 TiDB 的索引，同时以一个统一的接口为用户提供服务，这就包含了很多未来创新的可能。

如果再把目光投向底层结构的方向，关于数据，人们首先联想到的就是存储引擎，数据的存储是最热门的话题。TiDB 在内部已经把数据拆分成了无数个小小的细胞，每个细胞都是一个复制组，不停地分裂、合并、移动。但是从物理层面上看，TiKV 和 TiFlash 底层使用的是两种不同的引擎。在存储层体现开放性和可调度性，有一个基础的前提就是对存储引擎进行抽象。当基础软件保持高速迭代能力的时候，这是一个动态的进化过程，我们需要思考这个进化过程的终局是什么。目前在一个存储节点上的数据共享一个存储引擎，PingCAP 正在做的是慢慢让每一块数据分片、每一个细胞能够拥有自己的存储引擎，这件事情其实在实验室里已经实现，效果非常令人期待。**下一步，当把数据的细胞存储引擎拆分后，底层引擎的差异将变得不再重要。而更有意思的是，所有这些变换都是动态的，对业务都是透明的，业务人员无感，但又能**

获得最好的操作体验。所有这些技术都是为了可调度性，需要构建在一个基础上。分布式系统的终局：可调度性。它是分布式系统的核心优势。这个基础无疑是近乎无限的弹性资源池，也就是云，云是构建未来新一代软件最重要的基石。

讲到这里，我们从分布式数据库技术的未来形态一路推演，才发现了云基础设施的终极意义：为了更好地处理数据。云是对一种无限资源的抽象，就像一堆积木，能拼成什么样子只取决于拥有多少资源。在这方面，这两年爆火的云上数据仓库 Snowflake 是一个很有意思的产物，构成其基础的论文有着重大意义。它开创了一种新的软件设计思路，开创了新的"物种"——基于云的服务去构建基础软件。Snowflake 是第一个这么做的，但绝不是最后一个，**TiDB 在这个领域是走在最前面的软件之一**。

由以上描述，我们可以总结出一个公式——"可插拔性 × 可调度能力 × 云上几乎无限的资源"= 从过去几年到今后相当长一段时间基础技术形态的未来发展指南。数据库作为一个独立的软件形态可能会被弱化，这同时意味着数据服务平台化会崛起，下一代程序员可能不需要知道什么是 CPU、内存、磁盘、操作系统，可能只需要面对一个个云服务。应用的开发者想用数据库的时候，想到有一个 TiDB 的云服务，只要把信用卡绑上去就可以直接用 SQL 接口操作，对于底层实现则不需要关心。

整个架构向云演进意味着 PingCAP 要从一个软件公司转向一个云服务公司，这意味着整个公司要有一个很大的转变。这同时也要求 PingCAP 的整个组织在技术能力之外要长出一个新的核心竞争力：**规模化的运营能力**。TiDB 的海外用户非常多，海外用户对数据库的需求与国内用户有很大不同，跨数据中心是一个刚需。由于现在各国的数据安全需求，数据的传输有了诸多限制，合规的、跨数据中心的能力对数据库来说十分重要。在云服务公司的起步阶段，既需要灯塔用户，也需要能吸引用户可以自助完成的"沉默服务能力"，也就是可以不用打一个电话就能让用户把产品用好，从而对中小企业实现服务的自动化，让更多的中小企业甚至个人可以使用数据库云服务。这不是将 TiDB 产品部署到云上那么简单，而是要基于云重新设计商业模式和用户体验。

从开源而兴起，今天 PingCAP 已经走上"开源 + 云"的第二阶段的创业旅程。下面我们将抽丝剥茧地回顾一下这 20 年来的软件产业历史，看一看大教堂与集市的范式之争背后蕴含着怎样的产业逻辑。

大教堂与集市之争，在云的时代有了新的答案

今天距离埃里克·史蒂文·雷蒙德（Eric Steven Raymond，常称 ESR）开源"圣经"——《大教堂与集市》一书面世已经过去 20 多年。在此期间，软件产业生态发生了两次巨大的变化与重塑，ESR 在《大教堂与集市》中表述的一些重要观点在这两次大变革中得到了验证和放大。例如，集市开发模式拥有比大教堂开发模式高得多的软件工程效率，软件未来的价值将以服务形态呈现。另外，这两次变革也带来了 ESR 完全没想到的变化，如基于开源技术体系的数字平台崛起和云计算的发展，这些变化使得开源技术的影响范围超越了软件产业，进入对数字经济的整体支撑阶段。那么，在这两次变革中开源和软件产业的主航道发生了怎样的化学反应？大教堂与集市在这两个回合中交手的结果如何？下面我们通过对这两次变革进行梳理，来寻找一下答案。

◇ **软件产业生态的第一次变革是移动互联网的兴起和数字平台的诞生**

在这个阶段，开源技术体系成为数字平台的主力支撑，开源的影响力从 Linux 为主扩展到整个移动互联网的技术栈。可以说，移动互联网时代的数字平台（以全球排名前 20 的互联网公司为代表）几乎完全以开源技术栈支撑了整个 21 世纪 10 年代的数字经济，包括搜索、电商、社交、支付、视频、本地生活等最重要的互联网应用领域。贯穿整个移动互联网时代，开源代表性的集市开发模式在开发效率与协同创新模式上的优势完胜商业软件，并在移动操作系统、分布式技术、云计算、大数据、AI 等创新技术领域形成了开源占据主导地位的态势。如果说 ESR 在 20 年前的信心主要来自 20 世纪 90 年代 Linux 的成功，那么在整个移动互联网时代开源占据主导地位，可以让他更加骄傲于自己的先见之明。更为重要的是，移动互联网时代让开源的集市版图从 Linux 社区扩张覆盖到整个互联网领域的工程师群体，懂开源的软件工程师人数增长

了几十倍，全球的开源工程师目前已经达到数千万人，并且还在持续增长。开源成为新一代软件工程师的"新宠"，因为它"酷，技术好，有社会价值"。

今天与 Linux 时代另外一个最大的不同点，是开源技术工程师在数字经济领域创造了巨大的商业价值。20 世纪 90 年代，Linux 在与微软等商业巨头抗争的被挤压阶段只能勉强站稳脚跟，商业价值和公众影响力也非常有限。但到了移动互联网时代，情况发生了很大的变化，甚至可以说移动互联网数字平台的商业价值很大程度上就是靠"创新的商业模式 + 开源技术栈"来实现的，开源技术栈是数字平台模式得以发展的两大支点之一。**互联网技术栈 = 开源技术栈**，开源技术栈的商业价值是靠支撑数字平台的商业模式来实现的，尤其是网络效应和数据价值的发掘。由此，开源技术栈成为数字平台高歌猛进的技术底座。在这个时代没有任何一个数字平台是靠商业基础软件来支撑的，商业基础软件无法应对海量用户，迭代速度慢，单位成本高。21 世纪前 10 年，亚马逊和阿里巴巴在起步阶段都曾经长期使用 Oracle 的商业软件，但移动互联网引发的数据暴增使得亚马逊和阿里巴巴都放弃了 Oracle 数据库，自己使用开源技术搭建技术体系，后来又构建了自己的云计算体系。在移动互联网主导的数字经济时代，开源技术栈就是支撑数字经济的隐形冠军。开源技术栈的商业价值、互联网工程师的价值，就在服务数十亿人口的数字经济的价值创造中得以兑现。在移动互联网的数字平台时代，开源技术积累了足够多的商业影响力和人才基础，在综合影响力方面已经超过商业软件，只是未被以软件授权的收费方法统计成收入罢了。这一回合，集市开发模式在移动互联网的 C 端完胜教堂开发模式。

移动互联网留下的最重要的资产是全球数字平台中熟悉开源技术的软件工程师群体。这些人本身就是很多开源项目的发起者和贡献者，分布式数据库、大数据、云原生、AI 等领域的新技术发起方都是这群互联网工程师，互联网工程师也始终都是开源社区的活跃分子，他们也被称为新一代开源创业公司中的主要支撑，如 Confluent 的三个创始人来自 Linkedin，如本书 PingCAP 的三个创始人来自豌豆荚。他们都把互联网公司的基础软件部门的项目独立开源出来，逐步成为新一代开源商业化的推动者，这其实是数字平台的溢出效应。这一趋势从 2015 年开始加速，并在 2018 年以后成为主流商业世界和投资人认可的未来趋势，这是企业 IT 市场对互联网技术栈领先性的认可。近年来的两个比较大的收购事件印证了商业软件巨头正在拥抱开源，拥抱互联网技术栈，一是微软收购 GitHub，二是 IBM 收购 Red Hat。

◇ 软件产业生态的第二次变革是云计算的崛起和数字化的加速

移动互联网留下的最重要的沉淀是云计算，云计算就是互联网公司为了将分布式资源外化，并服务企业 IT 的一种服务形态，是 C 端已经验证的分布式技术向 B 端市场的一次穿越，不管是 AWS，还是谷歌提出云概念，都是在分布式服务形态基础上的一个构想。这个构想的本质，是把互联网验证的分布式架构变成服务 B 端的一种计算模式和服务模式。

在开源软件和商业软件第一次变革的竞合关系中，有一个沉默的群体是中大型企业 IT 用户，这些用户在过去 40 年来，在使用以 ERP、供应链、CRM、HRM 等经典管理软件为代表的企业应用软件时都主要依托的是商业基础软件，也基本上旁观了移动互联网时代，并与开源技术栈绝缘。直到移动互联网的后期，这些企业要做各种面向消费者的移动应用，才开始接触互联网技术栈。这个时候，云计算应运而生，成为转化互联网技术栈为企业服务的摆渡者。云计算的出现也刚好可以填补大中型企业不熟悉互联网技术栈的缺憾，大中型企业作为用户不需要类似互联网公司的庞大工程师团队。以公有云为代表的云服务模式可以把复杂的技术栈封装成服务，让企业用户可以仅仅作为资源的使用者来使用这些技术，为他们的数字化、以用户为中心等业务战略服务。

从过去 10 年云服务的加速崛起来看，ESR 的软件服务化预言已经成了不可遏制的趋势，他的预言已经成真，云计算的市场已经成为 B 端软件市场的主导形态。云计算的诞生，还催生了一件非常有趣的事情，就是公有云服务让开源软件与商业软件的竞合不再重要，在一个云服务的特性上，客户在乎的是可以随时兑现的使用价值，是为解决问题而按分钟、按秒支付的服务费，开源软件可以与云服务商分成，商业软件也可以与云服务商分成，甚至传统意义上的软件许可证对用户已经多余，因为所有软件消费已经服务化了。在云服务时代，软件的许可证已经转化为开源技术公司和云服务商之间的法律与商业协议，与最终企业用户无关。这时，在云服务的世界生存只剩下一个问题，那就是哪种软件能更高效地解决用户的问题？作为用户，就只关注谁好用，谁能创造价值。开源软件也因此找到了一个与云服务共生的商业模式：开源软件的商业化，只要对客户有价值，中长期来看就不再是一个需要费心纠结的问题。大教堂和集市在公有云的大舞台上是平等的，因为云服务本身已经变成一个更大的服务集市。细心的读者会发现，所有的大型公有云厂商都会有一个 MarketPlace（云市场），各种软件，无论开源与否都可以上架被用户随时选购。

商业软件巨头向云的转身

现在，我们把目光移到商业软件供应商，看看他们为什么也要关注云计算。微软 CEO 萨蒂亚主政微软后，云优先战略得以贯彻，微软在七年的时间里市值增长了五倍。那么，从微软上一代 CEO 鲍尔默的那句"开源是软件行业的癌症"，到萨蒂亚把云优先之后又以数十亿美元收购 GitHub，背后到底发生了什么？商业软件公司在错失了移动互联网之后，在云服务时代有哪些新的考量？

在第一次移动互联网和数字平台的变革中，商业软件公司总体上也是旁观者，目睹数字平台借助自身的开源技术栈包打天下，形成了开源技术栈支持 C 端消费互联网的主流形态，基本上成为数字经济的基础设施。当移动互联网延伸到云计算，或者说，数字平台借助云服务模式开始服务 B 端，就开始与商业软件公司微软、Oracle、IBM 转型的 IT 服务直接竞争。IBM 和 Oracle 都因为商业软件存量市场的包袱在云计算领域发展缓慢，只有微软的萨蒂亚相对果断地进行了切换，使微软成为云计算时代的新三巨头之一。五年来，微软收购 GitHub、IBM 收购 Red Hat 的动作也证明，想要在云时代获得软件领先优势必须拥抱开源。这也是考虑到了商业软件一直以来的隐痛——商业软件非常低的使用价值和非常慢的创新速度。以基础软件为例，在满足了用户在操作系统、数据库、中间件、开发工具等方面的基本技术需求之后，商业软件研发模式往往导致极低的创新效率。ESR 在《大教堂与集市》中抨击了大教堂模式，这个模式或许可以在一些垂直行业的应用软件中靠不外传的隐秘模式构建壁垒，但在基础软件等通用目标技术，尤其是移动互联网爆发后的云计算、分布式数据库、大数据、云原生等技术方面，商业软件公司的教堂模式创新力基本停滞，不仅新增的功能有数年期的单边规划，而且常常有超过 90% 的新功能无法引起用户的重视。因为不是开源，研发环节和用户需求的联系完全断裂，产品经理听不到用户的声音，以数据库为例，大多数传统数据库的用户用的数据库功能都停留在 10 多年前的水平。在这种教堂模式下，甚至一些商业软件公司转型的云服务依然会产生"冷板凳"软件（shelfware）的负面效果，就是大量新增的特性即使用户购买了也从未激活。**在云服务时代，商业软件公司必须重新思考拥抱开源的创新模式，也只有拥抱开放的集市模式才有可能找到通向未来商业模式的路径。**

Red Hat 的 CEO 保罗·科米尔（Paul Cormier）在一次电视采访中说："开源软件已经成为云计算之后的技术心脏。"

To be open, or not to be?

这是今天所有软件公司都需要思考的问题。

结语：感恩时代，敬畏未来

本书截稿的时候，刚好赶上 PingCAP 成立七周年。本书回顾了我们七年的创业小史，对当前众多进行开源创业和运营开源软件公司的读者是个很好的参考，他们赶上了更好的时代。同时也可以让关注开源的企业用户对数据库行业的变革有深入的了解，了解开源的运作机理。

关系数据库是一个古老而又年轻的产品。它的"古老"在于 SQL 的经典性，在于关系数据库这种基础软件数十年来都在支撑着全球各行各业最常见的数据处理工作，从信息化时代的核心银行系统、账务系统、ERP、人力资源管理，到过去 10 年随着移动互联网的发展，电商、支付、社交、游戏，以及新一代 SaaS 的崛起，服务的用户数以十亿计，然而落到数据库的操作上还是"增删改查"这些最基础的动作。

关系数据库的年轻在于它的自新。20 世纪 90 年代末开源数据库的兴起、互联网的到来推动了分布式理论的创新，经典的单机数据库不断承受着数据量暴增的冲击和基础设施更新后的重塑，于是才有了谷歌的"三驾马车"，有了 NoSQL、NewSQL、云原生数据库等持续变革的范式。过去 10 年，是以分布式数据库为代表的基础软件变革最大的 10 年，这个变化很像当前汽车领域电动车的快速兴起；如同百年来汽车行业第一次面临巨大变革的意义，关系数据库正在面临 50 年来最重要的一次重塑。

PingCAP 的创业期刚好就在数据库新旧势力交替的 10 年区间内，从一个想法，到一个产品原型，再到一个项目，然后再到 TiDB 的产品及商业化，都发生在短短七年的时间里，也是在这七年时间里面，基础软件的云端重塑、开源软件成为主流的两大趋势，汇聚成为未来 10 年的新图谱。

PingCAP 这样的创业公司之所以存在，得益于时代的馈赠，也是国内基础软件创业环境变化的象征。无论是勇于创新的用户，还是善于创造的贡献者，都是让 PingCAP 得以延续的基础力量。这些用户愿意尝试创业公司的产品，愿意忍受产品不成熟的方方面面，是开源社区发展的源动力。对等地，PingCAP 价值观的第一条就是"客户成功"。一切都以客户价值作为判断和取舍的标准，这是长期主义的基石。"为用户持续创造价值，真实场景是最好的架构师，让工程师都能睡个好觉"，这些都成为推动 TiDB 开源社区发展和服务企业用户背后最朴素的信念。

回顾过往，三位创始人非常真切地感恩这个时代，三位非名校、非大厂背景的基础软件工程师，凭一股"初生牛犊不怕虎"的少年气，一路走来，打造了一家服务 3000 多全球用户的数据库公司。除了"让工程师睡个好觉，持续创造用户价值"，这个"原力"主要来自"信仰开源"。

展望未来，三位创始人心生敬畏。面对如此复杂的全球化背景，面对如此动态的技术环境，去做一家全球化的基础软件公司，是一件逆水行舟的事情。做数据库产品永远是一个如履薄冰、如担重负的工作，全球用户的 IT 系统千差万别，而数据库永远是这些系统的心脏，一刻不能停歇；一家全球化公司还会遇到地缘政治、数据法律、技术环境、文化差异等方面的巨大挑战。然而越是挑战，越可以激发 PingCAPer 的"冠军心"。肯尼迪在美国发布登月计划的时候说："我们决定在这 10 年间登上月球并实现更多梦想，并非它们轻而易举，而正是因为它们困难重重。"PingCAP 要的就是这么一种精神，一种"冠军心"。走过七年的 PingCAP 现在刚刚走过创业的第一阶段，下一阶段的创业面向全球市场，面向云服务的商业模式。开源社区的源力是始终伴随着 PingCAP 的护身符，它早已不仅仅是一种软件协作模式，而且是一种深深的精神烙印：相信开放的力量！

PingCAP 的七年，是与开源同行的七年，也是荆棘密布的七年；第一场 Meetup 只有两名听众的场景，可能是今天的很多开源公司不曾遇到的，创业早期的无人理睬，是远航的孤勇者必定遭遇的风浪；创业，就是不断地遭遇和告别，往前看，前路依然障碍重重，PingCAPer 依然需要长风破浪的坚持，相信凭借开源的云帆，总有一天会到达理想的彼岸。

长风破浪会有时，直挂云帆济沧海。

附录 A　PingCAP 大事记

- **2015 年**

    4 月：获得经纬中国领投的天使轮投资

    9 月：TiDB 在 GitHub 上开源

- **2016 年**

    8 月：获得云启资本领投的 A 轮融资，第一个客户在生产环境中使用 TiDB

- **2017 年**

    6 月：获得华创资本领投的 1500 万美元 B 轮融资

    10 月：TiDB 1.0 GA 版本发布

- **2018 年**

    4 月：TiDB 2.0 GA 版本发布，TiSpark 1.0 GA 版本发布

    7 月：TiDB 入选 FirstMark 评选的 Big Data Landscape 2018

    8 月：TiDB Operator 开源，CNCF 接纳 TiKV 作为 CNCF 沙箱项目的云原生项目

    9 月：获得复星、晨兴资本领投的 5000 万美元的 C 轮融资，TiDB 入选 InfoWorld Bossie Awards 最佳数据库与数据分析平台奖

    11 月：Cloud TiDB 在 GCP（Google Cloud Platform，谷歌云平台）

上开放测试

- **2019 年**

    1 月：TiDB Lightning Toolset & TiDB Data Migration 正式开源

    5 月：CNCF 宣布正式将 TiKV 从沙箱项目晋级至孵化项目

    6 月：TiDB 3.0 GA 版本发布，TiDB User Group（TUG）正式成立

    8 月：TiDB 用户问答论坛 AskTUG 正式上线

    9 月：一体化数据同步平台 TiDB Data Migration 1.0 GA 版本发布

    12 月：Chaos Mesh 正式开源

- **2020 年**

    5 月：TiDB 4.0 GA 版本发布

    7 月：CNCF 宣布云原生的混沌工程 Chaos Mesh 正式进入 CNCF 沙箱托管项目

    9 月：开源项目 TiKV 成为 CNCF 的第 12 个毕业项目，PingCAP 的论文 *TiDB: A Raft-based HTAP Database* 入选 VLDB 2020，PingCAP 和北京银行获得 2020 年度亚洲银行家大奖，Chaos Mesh 1.0 正式发布

    11 月：宣布完成纪源资本等领投的 2.7 亿美元 D 轮融资，入选《麻省理工科技评论》发布的年度"50 家聪明公司"榜单

    12 月：TiDB 通过中国信息通信研究院（简称中国信通院）分布式数据库性能与基础能力两项评测，获得《金融电子化》2020 年度金融科技产品创新突出贡献奖

- **2021 年**

    4 月：发布面向企业级核心场景的 TiDB 5.0 版本，上榜 2020 年中国独角兽企业名单

    7 月 23 日：PingCAP 与中国信通院联手发布首部《开源社区成熟度白皮书》

11月：TiDB Cloud Developer Tier 发布，向开发者提供为期一年的免费试用；TiDB 入选知名研究与咨询公司 Forrester 发布的 *Now Tech: Global Distributed DataPlatform,2021 Q4*（《Now Tech：2021 年第四季度全球分布式数据平台》）

12月：TiDB、TiDB Cloud 均正式登陆 AWS Marketplace

- **2022 年**

2月21日：云原生混沌工程测试平台 Chaos Mesh 升级成为 CNCF 孵化项目

3月：TiDB 连续 26 个月位列墨天轮国产数据库排行榜第一名

4月1日：TiDB 分析引擎 TiFlash 正式开源

4月22日：TiDB 6.0 正式发布

5月11日：TiDB Cloud 正式商用

6月8日：TiDB Cloud 上线 Google Cloud Marketplace

6月15日：PingCAP 与阿里云达成合作，云数据库 TiDB 上线阿里云心选商城

6月20日：PingCAP 入选 2022 Gartner"客户之声"，获评"卓越表现者"最高分

附录 B 名词解释

1. BR

全称为 Backup & Restore（备份和恢复），是 TiDB 分布式备份恢复的命令行工具，用于对 TiDB 集群进行数据备份和恢复。

2. Chaos Mesh

Chaos Mesh 是 PingCAP 开发的一个开源云原生混沌工程平台，目标是为云原生的分布式环境提供模拟故障的"人工地震"。它提供了丰富的模拟故障类型，具有强大的故障场景编排能力，方便用户在开发测试中以及生产环境中模拟现实世界中可能出现的各类异常，帮助用户发现系统潜在的问题。Chaos Mesh 提供完善的可视化操作，旨在降低用户运行混沌工程的门槛。用户可以方便地在网络产品界面上设计自己的混沌场景，以及监控混沌实验的运行状态。

3. DBaaS

DBaaS（DataBase as a Service，数据库即服务）向用户提供了与其他云服务相类似的数据库云服务：一个灵活的、可扩展的、按需服务的平台，它以自助服务和便捷管理为导向，可以对环境中的资源进行调配。一个中小企业用户可以在没有数据库管理员，没有 IT 部门介入的情况下使用 DBaaS 数据库服务，很多开源数据库都推出 DBaaS 来提升商业化服务能力和降低使用门槛。

4. DBA

DBA（Database Administrator，数据库管理员）是从事管理和维护数据库管理系统（DBMS）的相关工作人员的统称，属于运维工程师的一个分支，主要负责业务数据库从设计、测试到部署交付的全生命周期管理。

5. DBMS

DBMS（Database Management System，数据库管理系统）是一种操纵和管理数据库的大型软件，用于建立、使用和维护数据库。它对数据库进行统一的管理和控制，以保证数据库的安全性和完整性。

6. DDL

DDL（Data Definition Language，数据定义语言）是用于描述数据库中要存储的现实世界实体的语言。DDL 并非程序设计语言，它是 SQL（结构化查询语言）的组成部分。SQL 包括四种主要程序设计语言类别的语句：数据定义语言（DDL），数据操作语言（DML），数据控制语言（DCL）和事务控制语言（TCL）。

7. DevCon

PingCAP DevCon 是 PingCAP 一年一度的技术盛会，致力于探讨前沿科技与数字化趋势的融合，被誉为观测开源产业、数据库前瞻趋势的风向标。

8. Dumpling

Dumpling 是 TiDB 数据导出工具，可以把存储在 TiDB 或 MySQL 中的数据导出为 SQL 或 CSV 格式，用于逻辑全量备份。Dumpling 也支持将数据导出到亚马逊 S3 中。

9. PCTA

PCTA 的中文全称是 PingCAP 认证 TiDB 数据库专员，是 PingCAP 对于 TiDB 数据库从业者安装部署及日常运维分布式关系型数据库能力的认证，要求数据库从业者熟练掌握 TiDB 架构原理、安装部署、周边工具等基础知识。

10. PCTP

PCTP 的中文全称是 PingCAP 认证 TiDB 数据库专家，是 PingCAP 对于 TiDB 数据库从业者管理大型分布式关系型数据库 TiDB 集群能力的认证，要求数据库从业者熟练掌握 TiDB 的深度原理及高级特性、性能调优、SQL 优化、故障排除等进阶内容。要获得 PCTP 认证，必须先获得 PCTA 认证。

11. Shared Disk

在使用 Shared Disk 理念的数据库架构设计中各个处理单元使用私有中央处理器和存储器，共享磁盘系统。典型的代表 Oracle RAC，它是数据共享，可通过增加节点来提高并行处理的能力，扩展能力较好。其类似于对称多处理模式，但是当存储器接口达到饱和的时候，增加节点并不能获得更高的性能。

12. Shared Everythting

Shared Everythting 的数据库架构设计理念一般是针对单个主机，它拥有完全透明共享的中央处理器、内存、输入/输出等，并行处理能力是最差的，典型的代表是 SQLServer。

13. Shared Nothing

在使用 Shared Nothing 理念的数据库架构设计中，各个处理单元都有私有的中央处理器、内存、硬盘，不存在共享资源，类似于大规模并行处理模式，各处理单元之间通过协议通信，并行处理和扩展能力更好。典型代表有 DB2 DPF 和 Hadoop，其各节点相互独立，各自处理自己的数据，处理后的结果可能向上层汇总或在节点间流转。

我们常说的 Sharding 其实就是 Shared Nothing 架构，它是把某张表从物理存储上水平分割，并分配给多台服务器（或多个实例），每台服务器可以独立工作，比如 MySQL Proxy 和谷歌的各种架构，只需增加服务器数就可以提升处理能力和容量。

14. Talent Plan

Talent Plan（"人才计划"）是 PingCAP 联合华东师范大学、华中科技大学、武汉大学和神州数码推出的，面向高校学生和工程师的未来数据库内核人才培养计划。通过结业考核的学员将获得官方认证的证书，并具备进入 TiDB 生态企业交流、实习和工作的机会。

15. TUG

全称为 TiDB User Group，是由 TiDB 用户自发组织、管理的独立社区，

PingCAP 官方提供支持。

16. TiCDC

TiCDC 是一款 TiDB 增量数据同步工具，通过拉取上游 TiKV 的数据变更日志，TiCDC 可以将数据解析为有序的行级变更数据输出到下游。

17. TiUP

从 TiDB 4.0 版本开始，TiUP 作为新的工具，承担着包管理器的角色，管理着 TiDB 生态下众多的组件，如 TiDB、PD、TiKV 等。用户想要运行 TiDB 生态中的任何组件时，只需要执行 TiUP 一行命令即可，极大地降低了管理难度。

18. 分布式数据库

分布式数据库系统通常使用较小的计算机系统支持海量的数据处理，每台计算机可单独放在一个地方，每台计算机中都可能有 DBMS 的一份完整拷贝副本，或者部分拷贝副本，并具有局部的数据库。位于不同地点的多台计算机通过网络互相连接，共同组成一个完整且全局的，逻辑上集中、物理上分布的大型数据库。

分布式数据库的基本特点包括：物理分布性、逻辑整体性和站点自治性。从这三个基本特点还可以导出其他特点：数据分布透明性、按既定协议达成共识的机制、适当的数据冗余度和事务管理的分布性。

19. 黑客马拉松

黑客马拉松（Hackathon）是一种发源并风靡于美国硅谷等创新头部地区的技术活动。在黑客马拉松活动中，背景不同、技术各异的开发者们会在 24 小时内在黑客马拉松现场组队，并进行代码开发，创造产品原型，以解决某一个具体的行业痛点或难点。

20. 事务

在数据库中，事务（transaction）是指访问并可能操作各种数据项的一组数据库操作序列，这些操作要么全部执行，要么全部不执行，是一个不可分割的工作单位。事务由事务开始与事务结束之间执行的全部数据库操作组成。